FELICIDADE É O QUE CONTA

J.J. CAMARGO

FELICIDADE É O QUE CONTA

L&PM EDITORES

Texto de acordo com a nova ortografia.

As crônicas deste livro foram publicadas originalmente no jornal *Zero Hora*

Capa: Ivan Pinheiro Machado. *Ilustração*: iStock
Preparação: Jó Saldanha
Revisão: Simone Diefenbach

CIP-Brasil. Catalogação na publicação
Sindicato Nacional dos Editores de Livros, RJ

C181f

Camargo, J. J., 1946-
    Felicidade é o que conta / J. J. Camargo. – 1. ed. – Porto Alegre, RS : L&PM, 2017.
    200 p. ; 21 cm.

    ISBN 978-85-254-3681-8

    1. Crônica brasileira. I. Título.

17-44591   CDD: 869.8
                           CDU: 821.134.3(81)-8

© J.J. Camargo, 2017

Todos os direitos desta edição reservados a L&PM Editores
Rua Comendador Coruja, 314, loja 9 – Floresta – 90.220-180
Porto Alegre – RS – Brasil / Fone: 51.3225.5777 – Fax: 51.3221.5380

Pedidos & Depto. comercial: vendas@lpm.com.br
Fale conosco: info@lpm.com.br
www.lpm.com.br

Impresso no Brasil
Primavera de 2017

"O poeta é aquele que inventa personagens que ninguém lhe crê, mas que ninguém esquece."
Elias Canetti

"Envelhecimento é a desistência do desejo de ser um outro."
Mia Couto

"Não há remédio que cure o que não cura a felicidade."
Gabriel García Márquez

"Para onde vão nossos silêncios, quando deixamos de dizer o que sentimos?"
Quino – Mafalda

"O tempo da cura faz a tristeza parecer normal."
Maria Gadú, *Altar particular*

"Saudade é a solidão acompanhada. É quando o amado já foi embora, mas o amor não."
Diza Gonzaga

Dedico este livro aos meus leitores, estes desconhecidos amigos íntimos que me param no shopping, me interrompem no almoço, me acenam no trânsito e me mandam e-mails carinhosos, sem ter ideia do bem que fazem ao meu coração.

Sumário

Introdução 13

O que só o poeta vê 17
As marcas encantadas 20
Amor e respeito: o que vem antes? 23
A face oculta do erro médico 26
A velha desconfiança 29
O abandono 32
As dúvidas que fingimos 35
As emoções que ficam 38
A bondade (quase sempre) compensa 41
Coragem para ser diferente 44
Morrer não é tão simples assim 46
Medicina defensiva 49
A Alepo de todos nós 52
A fadiga da indignação 55
A gratidão tem prazo de validade? 58
A incompetência premiada 61
Afeto é plantação 64
Esses primitivos que somos 67
Sonho de menino 70

Um amigo. O trabalho que dá 72
Você acredita em elogios?..75
Você já fez o seu milagre hoje? 78
Ingratidão, um estigma..81
Alguém que olhe por nós 84
Cada um por si e haja deus para todos............................87
Estorvo..90
Fazer o bem vicia...92
Felicidade é o que conta..95
Eu erro, tu erras..98
Inteligência emocional: a falta que faz!..........................101
Faça sucesso com moderação 104
Até que a morte nos liberte 107
Liderança: que entidade é essa? 110
Nunca deixe uma mãe sem notícias...............................113
Não mexam no nosso sonho...116
Ninguém ensina ninguém a ser engraçado....................119
O estigma da invisibilidade 122
O que a gente aposenta, quando se aposenta? 124
O que a escola, às vezes, consegue 127
Os ladrões da esperança 130
Os protagonistas deixam heranças..................................133
O tamanho que teremos 136
Dos nossos pedaços..139
O que é felicidade?...142
Poesia ameaçada...147
Por trás de uma voz...150
Por motivo de força maior 153
As decisões que tomamos..156
Insanidade amparada na lei...159

Prevenção: a sutileza do discurso 162
Voltar para casa..165
Em busca da última trincheira.......................................168
Amizade aquecida no mesmo berço 171
Reconciliação, uma palavra de ordem 174
Se não for pedir muito, agradeça....................................177
Uns tipos soltos por aí...180
O amigo que cada um perdeu ao seu jeito 183
Proteja seus afetos..187
Saudade do meu pai 190
Nunca mais sentir medo 193

Sobre o autor 196

Introdução

BUSCAR O CONVÍVIO, ESTA tendência milenar do homem como um ser gregário, é um instinto natural e estimulante. Como sabiamente fomos concebidos para sermos diferentes, a descoberta de cada tipo possível é uma aventura afetiva com todos os ingredientes previsíveis ou insuspeitados, que incluem encanto, sinceridade, hipocrisia, espanto, generosidade, humor, solidariedade, azedume, decepção, mentira, afeição e empatia, nesta grande colcha de retalhos que caracteriza o universo de criaturas díspares, reunidas aleatoriamente no planeta.

Se isso não bastasse para gerar fascínio na descoberta dos novos convivas, ainda temos que considerar que vamos sofrendo modificações provocadas pelo esforço deliberado de melhorar e, às vezes, por imposição de circunstâncias que não teríamos escolhido se escolher fosse uma opção.

Uma prova do quanto mudamos sem necessariamente perceber é a descoberta que o antigo companheiro que reencontramos depois de trinta anos é um estranho absoluto de quem guardamos as melhores lembranças, mas infelizmente de um tempo que, como lamentou Fernando

Pessoa, "esquecemos de trazer guardado na algibeira", e por isso, depois de cinco minutos tentando ser agradáveis, sentimos vontade de sair correndo em direção ao futuro, porque o passado... passou. De qualquer maneira, todas as oportunidades de descobrir pessoas novas são festejadas, e nisso reside muito do entusiasmo dos viajantes crônicos, que perceberam que os peregrinos são mais alegres e sociáveis porque a distância da rotina cotidiana atenua diferenças e desabotoa os escudos que nos impõe a vida em sociedade competitiva. Muito por isso os viajantes são, em geral, mais tagarelas e expansivos, e muitas amizades duradouras são edificadas a partir daquele improvisado alicerce de disponibilidade, leveza e bom humor.

No extremo oposto, nenhuma experiência humana é tão reveladora de como realmente somos quanto a doença que traga alguma ameaça, real ou fantasiosa, da morte. E a diversidade de comportamentos é desconcertante: respeitadas fortalezas desabam e indivíduos considerados pusilânimes revelam uma força interior que nem eles próprios imaginavam ter. Compartilhar emoção com esses tipos, expostos a cenários tão inusitados, é uma dádiva compensadora do trabalho estressante dos médicos, esses abnegados profissionais que frequentemente descuidam das suas para cuidar das nossas vidas.

Não por acaso os médicos mais antigos, que reconhecidamente eram mais parceiros e melhores ouvintes, se tornavam respeitados conselheiros sociais e eram festejados na comunidade como um trunfo de confiança, amizade e sabedoria.

Felicidade é o que conta é um livro de crônicas que compartilha essas histórias pessoais marcadas pela intensidade, medo, emoção, esperança e gratidão, esses sentimentos sobre os quais não temos controle, nesse tempo encantado em que tateamos à cata dos nossos fragmentos afetivos, que a vida, generosa ou distraída, nos deu ou surrupiou. É provável que alguns pedaços de histórias de desconhecidos relatadas aqui se pareçam, em emoção, com alguma experiência sua, caro leitor, daquela vez em que você sobreviveu, mas teve que se remendar para seguir em busca da felicidade.

J.J. Camargo,
Porto Alegre, primavera de 2017

O que só o poeta vê

Nas últimas décadas, ficou claro que o Brasil tem se esforçado em andar na contramão do mundo civilizado, mas, com a proposta de modificação dos conteúdos de ensino médio, determinando que história e filosofia não sejam mais matérias obrigatórias, nos excedemos.

No tempo em que todas as áreas, especialmente a das ciências humanas, acordaram para o efeito brutalizante da tecnologia dissociada do afeto, privar os estudantes do acesso à sensibilidade é, no mínimo, uma estupidez, com purpurinas de crueldade.

Quando se fecham as portas de acesso ao pensamento qualificado dos literatos e filósofos, as pessoas, como pombas famintas, se alimentam das sobras da pobreza espiritual e, na falta de ideias para debater, falam de outras pessoas, essa prática comum entre os infelizes de alma atrofiada.

O surgimento concomitante da internet, de tantas funções úteis para a sociedade, trouxe como paraefeito danoso esse canal imenso e escancarado aos que necessitam opinar sobre o que não entendem e julgar atitudes e comportamentos sem nenhum compromisso que não seja nutrir uma autoestima massacrada pela inapetência cultural.

A vacuidade dos diálogos nas redes sociais e os dolorosos atropelamentos do idioma expressam apenas as limitações de quem não lê e que, só praticando cultura oral, ou usando uma linguagem capenga, nem reconhece os horrores ortográficos esparramados na tela do pobre computador que, se tivesse voz, gritaria.

No outro extremo, alheios ao burburinho da ignorância descuidada e pobre, situam-se os insaciáveis catadores das pérolas do espírito humano, que se encantam com as artes, deslumbram-se com a literatura e se enternecem com a poesia.

E isso para desespero dos materialistas, que trabalham enlouquecidos para enriquecer e, quando conseguem, descobrem desolados que suas proezas podem até provocar algum tipo de inveja, mas de nenhuma maneira contribuem para fazê-los mais interessantes.

Há muitos anos os estudos de neurociência têm demonstrado a importância da preservação da atividade cerebral, estimulada no seu limite, como a maneira mais eficiente de prolongar uma vida produtiva e feliz.

Nesse sentido, as evidências mais recentes apontam para a importância da literatura, que liberta a mente para as aventuras ilimitadas da imaginação, e condenam a fixação na TV, que entrega uma matéria pronta, adequada a quem abdicou da ousadia prazerosa de pensar por conta própria.

A poesia é, muito provavelmente, o braço mais sofisticado da literatura, porque impõe ao autor que consiga expressar sentimentos com delicadeza, sonoridade e harmonia, dando ao leitor a sensação de cumplicidade de quem captou uma emoção tão forte e única que, dali por diante, será guardada como se fosse um segredo entre o poeta e seu deslumbrado leitor.

O verdadeiro artista convence, antes mesmo que o verso termine, de que foi capaz de perceber a sutileza do novo e o encanto do insuspeitado.

Os viciados em poesia acreditam piamente que a única razão para que um poeta não veja alguma coisa é que ela não exista. E que, outras tantas vezes, o que ele viu, só ele viu.

As marcas encantadas

Uma das complexidades das relações afetivas, que justifica o porquê de as duradouras serem pouco frequentes, é a necessidade de constante adequação dos personagens, a exigir que as diferenças inevitáveis sejam aparadas, para que o convívio siga amoroso. E o preço dessa adaptação não pode incluir o sacrifício do prazer de nenhuma das partes, porque isso implicaria, a longo prazo, cobrança e ressentimento.

Na primeira consulta, o Frederico e a Emília formavam um casal de velhos elegantes. Não lembro exatamente o quanto eram, de fato, velhos, mas, como eu era muito jovem, aprendi a pensar neles assim. O que me impressionou naquela época foi a permanente busca de um pelo outro, como se darem-se as mãos, por exemplo, fosse uma necessidade vital. E se tocavam sem olhar, como quem tem a certeza de que a âncora de afeto urgente estará sempre onde deveria estar.

O jeito com que ela cuidou dele no pós-operatório foi meio maternal, mas ele não parecia se incomodar com a autoridade dela. Pelo contrário, parecia um bebezão mimoso.

À medida que fomos convivendo, fui me apaixonando pela espontaneidade do afeto e pela inteligência debochada da dupla.

Vinte anos depois, com filhos resolvidos e netos encaminhados, sobraram os dois na casa enorme, com jardim de inverno deslumbrante e uma pilha de nós de pinho suficiente para alimentar duas lareiras em algum inverno canadense.

E então o Frederico foi dormir mais cedo, queixando-se de uma dor frontal que atribuiu à sinusite, e nunca mais acordou. Algum tempo depois, tendo o clínico referido que havia alguma secreção pulmonar, ela quis que eu fosse vê-lo. Encontrei-o emagrecido e desfigurado. O homem vigoroso não existia mais, mas ela seguia no comando e, enquanto me contava como tudo tinha ocorrido, alternava gestos de carinho com o cuidado de não permitir que a saliva escorresse da boca de lábios enviesados. Tudo parecia natural: a barba aparada, as unhas feitas e o cabelo grisalho e farto, que ela delicadamente penteava com os dedos finos. Naquela hora e meia que ficamos juntos, não ouvi uma queixa, só um resmungo com a incompreensão dos filhos, que queriam que comprasse um apartamento pra ela e colocasse o pai numa clínica, já que não havia nenhuma chance de recuperação.

"Eu sei que a intenção deles é boa, mas não consigo fazê-los entender que com ele aqui, nesta casa que foi tanto pra nós, tenho a única certeza de que a minha vida não terminou. Eu era uma menina boba quando ele casou comigo, e teve uma paciência... Tudo o que eu prezo na vida aprendi com ele. Ele era tão generoso que me ensinava o que valia a pena e nem se importava se depois eu fazia pose de intelectual. No máximo debochava de mim, quando ficávamos sozinhos. O único problema é que, porque nos bastávamos, ficamos um pouco isolados, mas eu tento compensar a falta que sinto dele com as lembranças maravilhosas do que vivemos. E nada disso é tão real quanto estar nesta casa, com nossos livros e nossas músicas. O médico diz que ele não entende mais nada, mas eu sinto que sim. Se não, como explicar todas as vezes em que ele chora ao ouvir a Maria Callas cantar Vissi D'Arte? Então eu pego a mão dele, fecho os olhos e me vejo no Teatro Colón assistindo à Tosca, de Puccini. E sou quase feliz outra vez. E quer saber, doutor? Tem muita gente que, mesmo que durasse duzentos anos, não viveria metade do que vivemos juntos. Pode parecer egoísmo, mas eu preciso da presença dele aqui para ter certeza de que continuo viva! Por favor, me confirme que não é absurdo pedir ao menos isso." Não apenas os traumas deixam marcas definitivas. Os encantamentos também. Felizmente.

Amor e respeito: o que vem antes?

As escolas, de todos os níveis, têm recebido críticas crescentes pela maneira com que têm participado da educação dos nossos filhos. Com essa perspectiva fantasiosa, a decepção é completamente previsível: está sendo atribuída a uma professora de quarenta alunos, que se sente ameaçada, trabalhando em ambiente desfavorável e com carga horária abusiva, a função de educar os rebentos que não conseguiram ser domesticados por dois pais amorosos e dedicados, apesar de lhes oferecerem um convívio adocicado, amoroso e pretensamente estimulante.

O ser humano não é um animal acomodado ao meio em que foi aleatoriamente inserido. Pelo contrário, é um contestador nato que descobre, ainda no útero, que dando uns pontapés consegue uma posição mais cômoda e já nasce gritando e esperneando e aprende logo no primeiro dia de vida a importância do choro como arma poderosa para tratar a fome e o desconforto de uma fralda suja. Como é completamente dependente de ajuda, porque de outra forma não sobreviveria, a paparicação inicial é inevitável.

Como faz parte da natureza humana, ele tende a se acomodar às circunstâncias favoráveis, mas, como acomodação não educa ninguém, precisamos preparar nossas crias para a vida real, que começa a mostrar a cara ainda na primeira infância. É quando se descobre que nem sempre haverá alguém para servir, que chorar não ajuda e espernear só parecerá ridículo.

Nessa fase é que se qualifica o pimpolho para o convívio social e o mundo. Pois é exatamente nesse estágio da vida que as mudanças na estrutura familiar da modernidade têm se revelado ineficientes. Com ambos ocupados com a atividade profissional, os pais esperam que a creche não só ocupe e proteja os rebentos, mas, na medida do possível, oferte os ensinamentos básicos de sobrevivência para a selva social que os aguarda. Num momento crítico da educação da criança, quando ela deveria aprender a identificar os limites do direito de cada um imposto pela civilidade, o que mais se vê são pais iludidos com a ideia de que tudo o que precisam é se fazer amar e que o resto será mera consequência. Claro que assim a criança será deseducada com a percepção tola de que sempre terá tudo o que quiser. E que ter mais ou menos dependerá apenas da veemência dos pedidos.

Dona Joana viuvou muito cedo e criou quatro filhos homens, que tinham entre cinco e onze anos quando o marido morreu. Impressionado com a disputa de desvelo com que o quarteto cuidava da mãe quando adoeceu, não resisti a perguntar a ela qual era o segredo dessa conquista de afeto tão evidente. Demorou para responder e interrompeu a minha primeira tentativa com uma frase pouco convincente:

"Esses filhos foram um presente de Deus para compensar minha perda!"

Dias depois, às vésperas de uma cirurgia de risco, ela espontaneamente retomou a conversa: "Não foi nada fácil, doutor. Meu filho mais velho era uma peste, e a má influência dele sobre os menores só atrapalhava. Imagina que um dia, aos quatorze anos, inventou que eu tinha que lhe dar uma moto. Disse-lhe que não daria de jeito nenhum e que não falasse mais no assunto antes dos dezoito anos. Ele então me provocou, retrucando: 'Então não espere que lhe ame até os dezoito anos'. Aquilo me doeu, doutor, mas tive forças para dizer: 'Meu filho, meu dever de mãe não é me fazer amar, mas me fazer respeitar. Porque amor é uma escolha que farás adiante na vida, mas respeito é pra hoje e é uma obrigação!'. Dois dias depois ele esperou os irmãos dormirem, entrou no meu quarto, se pendurou no meu pescoço, sem dizer uma palavra, e choramos abraçados até que ele adormeceu. Dali em diante, ele foi o pai, de quem os pequenos já nem lembravam muito bem".

Não sei por onde andará a Joana e sua prole, mas que frase aquela: amor é escolha, respeito é obrigação.

A face oculta do erro médico

Um leigo desavisado que frequente a mídia sensacionalista deve estar impressionado com a quantidade de erros médicos reportados justamente no momento em que se anunciam os mais modernos avanços tecnológicos que deveriam favorecer o exercício da medicina.

Antes que os mais apressados cogitem um improvável processo de emburrecimento coletivo, algumas questões menos aparentes precisam ser analisadas, porque talvez elas tornem menos obscura a relação do médico com a sociedade, que não tem como dispensá-lo.

No afã de justificar a mudança de afeição da comunidade pela figura do médico, os arautos do modernismo dirão que a medicina atual se tornou mais intervencionista e que a imperiosa necessidade de estar sempre tomando decisões diagnósticas e terapêuticas implica maior probabilidade de erro.

Os paranoicos atribuirão as denúncias a uma campanha de desmistificação orquestrada por invejosos que, em gozo de saúde perfeita, cometem a temeridade de acreditar que ficarão assim para sempre.

Os academicistas afirmarão convictos que esses erros refletem apenas o despreparo de nossas escolas médicas, muitas das quais sem as mínimas condições técnicas e pessoais para formar ninguém. E todos estarão de alguma maneira corretos, mas uns e outros apenas arranharão a verdade que se oculta atrás do biombo invisível das manifestações aparentemente casuais, inocentes e despretensiosas.

Quem, no entanto, conhece um pouco do passado recente da medicina americana e acredita que a história sempre se repete, sabe que há mais do que ânsia de perfeccionismo no ar. As grandes e poderosas companhias de seguro, que assumem o controle da saúde na maioria dos países desenvolvidos, estão também interessadas numa outra e sedutora fatia do mercado: o seguro profissional do médico. E ninguém duvide do que essas empresas são capazes de mover, para dar curso aos seus projetos milionários.

Nos Estados Unidos, as constantes denúncias tornaram impossível a qualquer médico trabalhar sem o seu seguro individual, que lhe permita sobreviver às pesadíssimas indenizações requeridas por qualquer dano real ou imaginário.

Inveja-se no Brasil a qualificação tecnológica da medicina americana, mas ignora-se o pesado ônus resultante dos métodos empregados para implantar o sistema vigente por lá.

O clima decorrente da ameaça potencial trouxe duas consequências funestas: a medicina americana é a mais cara do mundo, consumindo 18% do orçamento da nação mais rica do planeta, em grande parte decorrente da atitude defensiva do médico, interessado, antes de mais nada, em se precaver; a relação médico-paciente é impessoal e tão mais rígida quanto mais diferenciado for o paciente, que é sempre visto como um potencial contestador. E o bacharel de porta de hospital, tão ridículo quanto o seu homônimo de porta de cadeia, é o permanente sinalizador de que o pior sempre está por vir.

Como as carências humanas são as mesmas, independente de PIBs, hemisférios e latitudes, o paciente americano, que tem acesso à medicina tecnicamente mais qualificada, é, paradoxalmente, um grande queixoso. Ele não consegue entender que num pacote tão caro não haja espaço para um pouquinho de afeto!

Como copiadores bem-intencionados que assumidamente somos, resta-nos a oportunidade de selecionar os benefícios e deletar a rigidez de relações meramente comerciais, tão contrastantes com a fragilidade de quem está doente, e com a grandeza profissional de quem sempre se encantará com a indescritível euforia de aliviar sofrimento.

E, como cidadãos, cabe-nos desmascarar os inescrupulosos que usam a mídia para, camufladamente, vender um produto que não teriam coragem de anunciar!

A velha desconfiança

Os pobres se parecem em qualquer lugar do mundo. A semelhança se apoia na permanente religiosidade e se expressa na solidariedade com os iguais e na desconfiança com os diferentes. Uma pesquisa entre a população mais pobre da periferia de Detroit revelou que, em relação à doação de órgãos, por exemplo, havia nessa população desprovida uma dificuldade acima da média da população americana em entender o que é morte cerebral, mas, entre os que a entendiam, o índice de doação ficava abaixo da média nacional, e o maior obstáculo à autorização era, de longe, a falta de confiança no sistema, mostrando que a desconfiança não usa passaporte para cruzar fronteiras. Quando se convive com esses pacientes, se percebe, tristemente, que essa prevenção não é gratuita: a humilhação crônica e os maus-tratos repetidos ensinaram-nos a desconfiar.

O Hospital General de Bogotá é uma construção antiga onde apenas uma parte do prédio tem dois pisos e é reservada, por suposto, aos pacientes que têm condições mínimas de subir uma escada, e naturalmente, por isso, a transferência de algum paciente para essa ala é festejada pela família. Terminada uma cirurgia demonstrativa de traqueia, saí do bloco cirúrgico deixando para trás o meu anfitrião, que faria ainda um procedimento menor, antes que saíssemos para almoçar. Resolvi dar uma circulada pelo hospital numa espécie de viagem ao passado, tanto tudo se parecia com a nossa Santa Casa do início da minha vida médica. O formato retangular do prédio abriga no seu interior um pátio central enorme, com piso e bancos, muitos bancos, de pedra. E em cada canto há um oratório, um arremedo meio tosco de gruta. Não haveria de ser por falta de oração que os pobres de Bogotá sucumbiriam. Atraído pelo cheiro, comprei um copo do melhor café do mundo, mas intragável de tão quente, e resolvi dar uma circulada no pátio esperando que esfriasse. Quando surgiu uma vaga, sentei na extremidade de um dos bancos, entre uma velhinha que dormia e um velho de olhar enviesado que encostara ali a sua cadeira de rodas. Conversa iniciada, na segunda frase ele já perguntou: "De qué parte de Brasil es usted?".

Destruída a minha fantasia antiga de espanhol impecável, conversamos muito, e, enquanto me contava do mal que lhe parecia a medicina colombiana, preparava um palheiro que, se entendi bem, tinha até um pó de hortelã. Quando lhe perguntei se era permitido fumar no hospital, ele me disse que "sí, pero solamente en el tiempo correcto, que es cuando los médicos, por suerte, se van a sus casas a dormir!".

Com seu cigarro em fase avançada de construção, quis saber o que eu estava fazendo ali, e lhe contei que me interessava ver como era o atendimento médico nos países irmãos e que tinha gostado muito dali, a começar pela inscrição no alto da porta de entrada: "Não há remédio que cure o que não cura a felicidade". Como não tinha nenhuma referência quanto à autoria, perguntei-lhe se sabia de quem era essa frase maravilhosa. E ele, sem desviar o olho do palheiro, me segredou: "Es de ese comunista famoso y rico, que ganó todos los premios!". Então lhe disse só para confirmar: "Mas claro, essa frase tem a cara do Gabriel García Márquez, que homem genial!" .

Enquanto lambia a palha, ele completou: "Es lo que dicen de el por todo hogar, pero ese hijo de puta nunca se trató aqui!". Que lhe importava que fosse reconhecido como um ídolo internacional e festejado como um orgulho do seu país, se discriminava o atendimento médico destinado aos pobres de Bogotá?

A velha desconfiança estava de volta e, pelo menos naquele pátio, não havia felicidade suficiente para curá-la.

O abandono

O Ezequiel veio da emergência com o diagnóstico de pneumotórax, o que eliminou todas as burocracias e impeditivos para a admissão imediata no hospital. Tinha o olhar triste e os ombros curvados de abandono.

Quando perguntado o seu sobrenome, houve o primeiro desencontro: o Rosling anunciado em um quase sussurro não coincidia com o documento amassado que carregava na carteira envolto num plástico sujo. Mas ninguém se importou com isso, porque afinal era só mais um brasileiro pobre em busca desesperada por um pouco de ar e a prioridade era tentar expandir logo o pulmão direito e recuperar o fôlego. Os exames que se seguiram foram uma sucessão de desgraças. O pulmão não reexpandia, encarcerado que estava por um grande tumor, obra de um tabagismo de mais de 45 anos, e as tomografias detectaram implantes da doença no cérebro, fígado e costelas. Menos de duas semanas depois, o Ezequiel morreu na enfermaria, rodeado por três desconhecidos entre os quais a única afinidade era a miséria, no seu caso agravada pelo abandono. Ninguém lembrava de ele ter recebido alguma visita nesses vários dias em que os parceiros de quarto foram sendo renovados. Tampouco havia no prontuário alguma referência à família, e assim a causa da solidão, sempre de construção rude e bilateral, no caso dele, será arquivada como presumida.

Quatro dias depois da morte, a assistente social comentou que o cadáver continuava no necrotério e que nenhum familiar tinha respondido aos apelos para o resgate do corpo. Uma das muitas histórias de abandono que ocorrem com deprimente frequência nessa população que, na descrição dolorosamente verdadeira de JG de Araújo Jorge, morre tanto todos os dias que, quando finalmente chega o dia da morte, já não tem mais o que morrer. Não sei que fim deram ao que sobrou do Ezequiel. A morte dos zumbis não provoca comoção.

Na virada do ano, com o deslocamento maciço da população em direção ao litoral, as rádios colocam repórteres em pontos estratégicos para orientar os motoristas sobre como enfrentar a sobrecarga nas nossas estradas, onde é comum o relato de congestionamentos gigantescos, muitas vezes agravados pela insanidade dos apressados sem causa. A contagem do número de veículos por minuto passando por pontos determinados, a dimensão em quilômetros de retenção de veículos e a sugestão de horários mais propícios para o deslocamento em ambos os sentidos são de grande utilidade pública.

No meio desse noticiário, chamava a atenção uma advertência incomum. Os motoristas deviam ter redobrada atenção numa curva fechada para a esquerda, no quilômetro 5 da Estrada do Mar, porque havia um animal morto na pista da direita. Um cão de pelagem escura havia sido atropelado na noite anterior e a remoção do corpo ainda aguardava a iniciativa das autoridades competentes. E, então, o curioso da notícia: o cadáver tinha companhia. Um cão branco, da mesma linhagem vira-lata, mantinha-se estendido ao lado do corpo, com a cabeça entre as patas dianteiras, velando o companheiro. E as muitas tentativas dos passantes de removê-lo do local tinham fracassado.

Como se vê, nem todas as espécies animais abandonam seus parceiros.

As dúvidas que fingimos

A DOENÇA COMO AMEAÇA e a morte como materialização do fantasma são temas tão inquietantes desde sempre, que exercem um fascínio irresistível nos escritores que, manejando ficção ou realidade, descobriram neles um veio inesgotável de emoção. E se servem desse filão, emprestando-lhe inspiração e sensibilidade, ingredientes indispensáveis aos operários da palavra.

Aliás, tendo a palavra como instrumento em comum, escritor e médico usam-na à exaustão, como ferramenta de criação estética de um e arma de consolo e solidariedade do outro.

Além disso, a quantidade de médicos que conseguiram destaque na literatura atesta o papel da emoção como um recurso sedutor na captação de novos e intangíveis leitores.

Alguns, mais escritores do que médicos, mas tendo a medicina como lastro e assoalho, se deram ao luxo de criar estilos que impactaram na literatura, pelo brilhantismo e criatividade. Claro que estava pensando em Guimarães Rosa quando escrevi este parágrafo. Mas outros, como Pedro Nava, Moacyr Scliar e António Lobo

Antunes, com textos singelos e diretos, foram igualmente encantadores.

Preparando uma conferência na Academia Nacional de Medicina sobre essa interface, me deparei com uma população especial: escritores leigos abordando temas médicos da maior densidade emocional, com uma precisão, e às vezes uma contundência, nunca reportada pelos profissionais do ramo.

A descrição do sofrimento emocional de Ivan Ilitch, devastado pela dor física da doença terminal e pela sensação de abandono multiplicada pela distância da família, que misturava negação com otimismo mentiroso, e dos médicos que falavam um idioma que ele não entendia, é mais do que uma obra-prima, é o transporte do leitor para dentro do sofrimento do pobre homem, compartilhado pela genialidade inconteste de Leon Tolstói.

Quem não leu *As intermitências da morte*, de Saramago, terá apenas uma pífia ideia do assunto quando opinar sobre a naturalidade da morte. Ele concebeu um país onde, por um decreto imperial, a morte estava banida. Depois de uma euforia inicial, começaram os problemas. Primeiro, o que fazer com os agentes funerários, definitivamente desocupados. Depois, com os hospitais soterrados de moribundos, proibidos de morrer mas não de adoecer. A situação vai se agravando até chegar no seio da família, que depois de um tempo percebeu que o cuidado extremo dedicado aos seus amados não serviria para trazê-los de volta à vida útil e, sendo assim, talvez fosse preferível que eles simplesmente morressem para que a rotina plena dos saudáveis pudesse ser retomada.

Ninguém descreveu com tal brilhantismo o dilema afetivo em que a dor da perda e a exaustão do sofrimento se encontram e se digladiam. E a inexorabilidade da morte é a única vencedora possível, mesmo que a busca fantasiosa da imortalidade seja tão antiga quanto a certeza de que morreremos. Por pura conveniência, tratamos a única certeza como se houvesse dúvida e trocamos a racionalidade do quando pela estupidez do quem sabe.

As emoções que ficam

Um dia desses, no final de uma aula sobre risco cirúrgico em que tinha insistido com a tendência moderna de operarmos com frequência crescente pacientes mais velhos, confiantes que ficamos dos resultados favorecidos pela moderna tecnologia, chamei a atenção para a importância de devolvermos o idoso à sua família com a mesma condição mental que justificara a extrapolação dos limites etários, sem que parecesse imprudência.

Para reforçar a mensagem, disse que um avô de boa cabeça é um trunfo familiar, e que desejava que todos tivessem em casa esse patrimônio de afeto e sabedoria que nunca, sob nenhum pretexto, poderia ser desperdiçado.

Quem já deu aula algum dia percebe quando a emoção entrou no recinto. E não é só pelo olho que brilha, mas pelo gesto coletivo de mudar de posição na cadeira, como se o peso do anunciado exigisse uma base de apoio mais sólida.

O tempo passou e invadimos, sem perceber, o horário da aula seguinte. Por mim, teria seguido adiante, tentando aplacar a saudade dos velhos amados que marcaram a minha vida e fizeram com que, à medida que eles iam ficando pelo caminho, eu tivesse sempre outro alinhavado para suprir a falta absurda que faz um avô.

O professor Tarantino, responsável pela orfandade mais recente, viveu muito mais que a média e, por ser tão especial, deixou um vazio que lateja cada vez que volto à Academia Nacional de Medicina e divido com seus outros herdeiros afetivos a necessidade de contar suas histórias, como se elas pudessem, pela saudade, produzir o milagre fugaz da ressurreição.

É muito difícil, depois de um convívio tão rico, determinar qual foi a sua maior lição. Mas pode ter sido esta: de repente, em uma tarde de rotina, no meio de uma consulta complicada, seu nome no visor do celular. Um pedido de desculpa, sob o pretexto de uma urgência, porque era impossível não atendê-lo. E se ele estivesse doente?

"Pois não, professor?"

"Ah, Camargo, é uma urgência afetiva, e não sei de ninguém melhor do que você pra me entender!"

"Diga, professor, se eu puder ajudar."

"Como você sabe, apesar dos meus noventa anos, eu ainda leciono no Curso de Extensão aqui na clínica, e hoje começou uma turma nova. Como já lhe contei, sempre que eu tenho preguiça de preparar a aula, pego aquela minha pasta de couro, linda, que comprei na Galeria Lafayette, em Paris, onde tenho uma coleção invejável de casos interessantes, e aproveito para humilhar os meninos. Acontece que hoje ELA estava entre os alunos. Nunca vi olhos mais lindos na minha vida, nem sabia que existiam daquela cor. Eu falando e ela me olhando fixamente. Terminada a aula, eu estava completamente apaixonado, e ela caminhou na minha direção. Foi quando eu pensei: se ela falar comigo, eu morro! E então, ela perguntou: 'Professor, onde o senhor comprou essa pasta?'. Claro que estou indo pra casa destruído na minha autoestima, mas antes queria lhe pedir que ensinasse a esses jovens que amar desesperadamente não é privilégio deles. Nunca foi. Desculpe a interrupção, já estou me sentindo melhor, talvez nem precise morrer!"

E desligou.

Finda a história, anunciei que a aula tinha terminado, mas por um tempo ninguém se mexeu. Algumas emoções, as que ficam, têm metabolismo mais lento.

A bondade (quase sempre) compensa

O TRANSPLANTE INTERVIVOS, essa modalidade que tantas vezes tem salvado pacientes que, pela gravidade de condição clínica, não teriam chance de esperar o tempo indeterminado da obtenção de doador cadavérico, revela, na busca dos doadores vivos, os mais variados tipos humanos capazes de enfrentar essa extraordinária experiência física e emocional.

Mesmo se tratando de parentes, porque essa é uma exigência legal, a impressão dominante é que a doação espontânea e determinada é quase uma exclusividade de mãe e pai. Nos demais familiares se percebe algum grau de dúvida que geralmente não é assumido e um medo compreensível que é sublimado, poupando o doador da pecha de egoísta e insensível, sempre pronta para ser imposta por alguém que foi considerado incompatível.

A Kathleen, com tipo sanguíneo raro, procurou a Clínica Mayo depois de dois anos de espera e piora gradual do estado de fraqueza e consumpção por falência hepática, e então foi considerada a hipótese de transplante com doador vivo. Um filho extremamente carinhoso acompanhou todos os exames e dormia no sofá para que a mãe não ficasse dependendo da campainha para chamar as atendentes.

Quando o grupo de transplante quis saber quem seria o doador e se ela tinha mais filhos, ela disse que sim, tinha um filho, seis anos mais jovem, que morava na França, mas que certamente viria, se fosse necessário. Nessa altura, o filho presente aparteou e disse que ele seria o doador e que não precisava chamar mais ninguém. O clínico então explicou que essa escolha não era tão simples, que múltiplos testes teriam que ser feitos e que outras alternativas seriam importantes, se eventualmente ele não fosse compatível. Ele foi seco e definitivo: "Eu vou ser". E de fato foi, das melhores compatibilidades que se poderia conseguir. E tão impressionante quanto a similitude imunológica era a história que os unia. Afinal, ele era adotado. A mãe, uma assistente social, na época com 32 anos, casada há quase dez, tentara de todas as maneiras engravidar, sem conseguir. Uma tarde foi levada por uma colega que lhe pedira auxílio com os pequenos do abrigo de menores, à espera de adoção. Ela contou que quando bateu o olho no Steve, então com quatro anos, o coração deu um salto no peito, e não desgrudaram mais. No final daquela tarde, enquanto arrumava as suas coisas na bolsa, ele abraçou uma das suas pernas com a determinação de quem nunca mais soltaria. Comovida com a espontaneidade do afeto, negociou com a diretora e combinaram que ele seria devolvido na manhã seguinte. Em casa, de banho tomado, saciou a sua fome ancestral e foi colocado para dormir num quarto menor, anexo à suíte do casal. A reação do marido, que chegou logo depois, foi intempestiva: "Não quero este pirralho com seus genes desconhecidos na minha casa. Devolva-o amanhã cedo e acabou!". Enquanto o esposo dormia, ela chorou muito, em silêncio. Na manhã seguinte, o marido resolveu dar mais uma olhada no moleque, antes de descer para o café e a vida.

Lá do quarto, gritou: "O teu pestinha sumiu". Em sobressalto, ela descobriu a cama vazia e sem as cobertas. Desceu as escadas correndo com o coração na boca e parou. O garotinho estava acomodado sobre o edredom que improvisara como colchão e dormia ao rés da porta. E então, eles entenderam: o moleque devia ter ouvido a conversa deles e armara junto à saída da casa uma trincheira para resistir ao abandono. Era frágil, mas a única que ele conseguira erguer. Tomaram café em silêncio, olhos fixos naquele montinho de gente que ressonava encolhido, em posição fetal. Ao sair, o marido recomendou: "E não esqueça de comprar umas roupas bem bonitas para o nosso garoto!".

Ao ouvir essa história, que a assistente social me contou aos solavancos, ninguém se surpreendeu com a compatibilidade absoluta. Os tais genes continuavam desconhecidos, mas a amostra era da melhor qualidade.

Coragem para ser diferente

A vontade de fazer o bem, de ajudar, não encontra nas pessoas uma uniformidade de atitudes. Pelo contrário, raramente somos tão heterogêneos. Há os que se refugiam até em lojas de artigos infantis se veem à distância o patrono da festa da paróquia, os que ajudam se não tiverem mais nada para fazer – e esses quase sempre são as pessoas mais ocupadas do mundo –, e os voluntários das obras sociais, que têm, na cara, a inconfundível expressão do "deixem comigo". Esses seriam todos os modelos disponíveis se não houvesse, para a redenção da espécie e compensação das nossas pobrezas de espírito, os adictos da generosidade, umas raras criaturas que, possuídas pelo bem que o bem faz a quem o pratica, não conseguem mais parar sem se sentirem em falta consigo mesmas.

A atitude obstinada dessas criaturas comove todos, até os tais que, disfarçados, entram nas lojas de artigos infantis, oxalá em busca de um modelo mais digno de si mesmo, que talvez se tenha perdido lá na infância.

Até o último homem, um dos filmes que concorreram ao último Oscar, conta uma história baseada em fatos reais e descreve a odisseia de Desmond Doss durante a sangrenta campanha do Pacífico, nos últimos meses da Segunda Guerra. Esse jovem soldado se alistou porque lhe pareceu indigno que seus melhores amigos se arriscassem por ele, mas provocou uma convulsão entre os instrutores quando se negou a tocar num fuzil porque se prometera que jamais atiraria em alguém. Quando defendeu emocionado seu direito de combater para ajudar os feridos porque, apesar de não ter conseguido estudar, sempre quisera ser médico, recebeu autorização para embarcar, debaixo de deboches e suspeitas de covardia. No final da guerra, depois de ter salvado dezenas de colegas feridos, arriscando a vida debaixo de fogo cruzado nas batalhas mais ferozes, compensado pelo respeito de todos, recebeu a mais alta comenda militar por heroísmo em campo de batalha. No final do filme, com os olhos lacrimejantes a confirmar uma história ocorrida há quase 75 anos, é apresentado o autor daquela façanha, que já bem velhinho relembrava o pensamento que o mantinha em pé, numa noite sem fim, arrastando ou carregando nas costas os feridos mais graves até um lugar seguro e voltando para apanhar o próximo: "Meu Deus, por favor me permita salvar mais um, só mais um". Ao amanhecer da terrível Batalha de Okinawa, dezenas tinham sido salvos, e ele, num verdadeiro transe, continuava repetindo o mantra que o mantivera acordado, apesar de exausto: "Por favor, só mais um!".

Ser igual aos outros é mais fácil. Para ser diferente é preciso ter coragem. E isso não consta do rol das escolhas. Que pena.

Morrer não é tão simples assim

Pelo menos não para os bem-amados. Para outros, as âncoras de afeto foram sempre tão frágeis e vacilantes que a morte será vista apenas como o coroamento de uma vida sem graça. Há ainda os que fizeram de suas vidas o tormento dos que tiveram o azar de cruzar com eles, e, para estas vítimas, a morte do carrasco terá ares indisfarçáveis de libertação. Entre uns e outros, transitam os dissimulados, que protegidos por uma carapaça competente não permitem que, de fora, se perceba que nível de afeto eles exercitam, se é que há algum.

A Isolina tinha uns sessenta anos, cabelos de um grisalho natural, sempre presos por um coque discreto e burocrático. Os olhos, muito azuis, tinham uma lassidão resignada, que atribuí à percepção de que seu marido, de quem cuidava com um desvelo exemplar, não viveria muito tempo, ofegante que estava nos últimos tempos, em consequência da perda de uma parte do pulmão por um câncer, operado dez anos antes, e pela progressão do enfisema, ambos resultantes de cinquenta anos de tabagismo desenfreado. Com menos de 20% da capacidade pulmonar, cada mudança de temperatura era prenúncio de internação, depois de uns dias em que sempre tentava se tratar em casa com o mini-hospital que montara. Voltando de umas férias, soube que o Klaus tinha morrido de uma pneumonia extensa e que a Isolina tinha ligado, pedindo à secretária que me contasse. Semanas depois, ela marcou uma consulta e antecipou que precisava me agradecer. Quase não a reconheci: o cabelo caju em um corte elegante e uma maquiagem discreta completavam uma camuflagem quase perfeita. Quando ela sorriu, percebi, depois de tantos anos de convívio, que a Isolina tinha dentes muito bonitos e a tristeza dos olhos tinha escorrido. Comecei a conversa com uma obviedade: **"E então, perdemos o Klaus!"**. Ela suspirou, umedeceu os olhos sem chorar e disse com toda a calma: "Pois é, doutor, cuidei dele no limite das minhas possibilidades, e ninguém dirá que outra poderia tê-lo feito melhor. Então estou segura e serena para lhe dizer que há 45 dias enterrei a pior pessoa que já conheci".

Havia uma naturalidade na voz ao fazer aquela declaração inesperada, que me pareceu que ela se preparava há décadas para dizer aquilo. Sempre se espera que o tom da voz seja condizente com o discurso, por isso que nada impacta mais do que o anúncio de um ódio, que agora se entendia antigo, com uma voz baixa, quase sussurrada. Apanhado de surpresa, não soube o que dizer e estendi-lhe a mão, que ela apanhou com cuidado, examinou dorso e palma e completou: "Sempre admirei suas mãos, mas em cada consulta em que meu marido elogiava o talento delas, capazes que tinham sido de remover um tumor que outros cirurgiões consideraram inoperável, eu voltava para elas meu rancor por terem prolongado meu sofrimento".

Retirei minha mão devagar, porque tinha planos para ela no futuro, mas tentando não melindrar demasiado a Isolina, porque em algum lugar aprendi que pessoas capazes de reprimir ódio com tanta perfeição não devem ser magoadas, pelo menos não sem necessidade. E me afastei, caminhando rápido, de mãos nos bolsos.

Medicina defensiva

Que a toda ação se segue uma reação é uma lei física, aplicável também a todos os comportamentos sociais e a todas as circunstâncias. Em medicina não haveria razão para ser diferente: as pessoas, seguindo a tendência de reclamar por direitos legítimos, assumiram a condição de contestadores contumazes, muitas vezes sem a preocupação de separar o que é justo do que representa apenas a chance deslavada de obter alguma vantagem, sempre financeira, que parece ser a única razão para se impor o sofisma do que se convencionou chamar de exercício de cidadania. A revisão dos processos médicos que envolvem presentemente 28 mil profissionais brasileiros revelou alguns dados interessantes em relação às especialidades mais demandadas. A lista é encabeçada pela obstetrícia, seguida pela traumatologia e pela cirurgia plástica. As justificativas são diferentes. A obstetrícia é idealizada como a especialidade que deve em princípio inaugurar a alegria pela vida concebida para materializar os sonhos de felicidade de uma família. Fácil entender o significado de uma tragédia com todo o impacto da reversão de expectativas. A revolta será proporcional à euforia frustrada. Na traumatologia, a visão é simplista: o indivíduo era normal até o acidente, de modo que, se depois do atendimento ele não voltar a ser o que era, alguém deve ter errado tudo, não importando a extensão nem as circunstâncias do trauma. A cirurgia plástica, historicamente, carrega o fardo da fantasia: todo feio, depois de um procedimento, deve resultar perfeito, especialmente se ele pagou por isso. Se, na visão do paciente, ele ficar menos do que lindo, maravilhoso, alguma incompetência grave prevaleceu, e o médico é o culpado de plantão.

Nos Estados Unidos, onde a judicialização é mais antiga, especialmente nas especialidades que envolvem alta complexidade com risco inerente aos procedimentos, é habitual a solicitação médica de exames pré-operatórios os mais sofisticados, muitos deles sem nenhuma justificativa racional, com o único objetivo de fornecer aos advogados as provas materiais que atestem a preocupação dos médicos com o risco de complicações. O consentimento informado, como o instrumento mais valorizado na proteção do médico, passou a ser uma peça macabra, em que todas as complicações possíveis ou nem tanto são repassadas ao paciente no pré-operatório sem nenhuma compaixão, numa espécie de: não diga que eu não avisei.

Na Clínica Mayo, um dos maiores centros médicos do mundo, localizada no centro do nada no Meio-Oeste americano, nos anos 80 já era fácil perceber que os pacientes se dividiam em dois grupos distintos: os nativos, plantadores de milho de Minnesota ou criadores de porcos de Iowa, pessoas muito simples que eram tratadas com generosidade e condescendência, e os milionários atraídos pela fama da clínica, que, vistos como potenciais contestadores, eram recepcionados com um realismo quase hostil.

Partindo do princípio de que a doença é propriedade exclusiva do paciente, todos os desfechos possíveis, não importando o quanto trágicos ou improváveis, eram cruelmente anunciados. Na oncologia, onde é frequente que o prognóstico não seja estimável, tornou-se rotina o compartilhamento das decisões terapêuticas. Algum ingênuo poderá argumentar que o paciente precisa exercer seu direito de livre escolha. A verdade é menos nobre: os médicos estarão poupados de demandas judiciais se, diante de resultados terapêuticos insatisfatórios, puderem exibir um termo de consentimento assinado pelo pobre paciente, que, afora a desgraça de ter uma doença séria, ainda passou pela angústia de submeter a sua condição de leigo a uma decisão absolutamente técnica.

Todo mundo argumenta que o desencanto que a população em geral tem pela medicina moderna é multifatorial, e nisso estamos todos de acordo. Mas nada do velho glamour será resgatado sem a percepção de que as pessoas normais encolhem durante a doença (deixemos de fora os raros que ainda conseguem ser prepotentes) e que para essa criatura, carente por definição, a medicina só trará frustração se o médico não entendê-la como um contínuo exercício de afeto, solidariedade e compaixão. Partindo desse princípio, o termo de consentimento deixará de ser informado para ser apenas presumido.

A Alepo de todos nós

A BANALIZAÇÃO DA MORTE que tanto choca as pessoas de bem, se a tragédia envolve alguém que conhecemos, passa por um processo de atenuação quando se trata de um desconhecido que, para sorte nossa, vivia em outra cidade ou, se na mesma, ao menos em outro bairro, desses que nunca frequentamos, de modo que ele, com certeza, nunca cruzou nosso caminho.

Não é que não nos importemos, mas, convenhamos, não dá para ficar sofrendo com a mesma intensidade que afetou os envolvidos, porque explodiríamos de dor, ainda mais depois que o mundo se transformou neste lugar tão perigoso de se viver e a mídia passou a nos inundar, todos os dias, com essa lava vulcânica de notícias ruins.

Então parecemos indiferentes, como se todas as tragédias tivessem um palco remoto, uma espécie de Alepo do mundo, que muitos nem sabem que fica na Síria e que foi a mais linda cidade daquele país e que contou, nos bons tempos, com mais de 3,5 milhões de habitantes, que pareciam felizes e recebiam maravilhosamente os turistas ricos, que se hospedavam no Sheraton Alepo e percorriam de limusine os pontos turísticos da região. Como raros conhecem a história política da Síria (e pra que conheceríamos?), soa incompreensível que periodicamente descarreguem bombas e mais bombas sempre sobre o mesmo e pobre lugar de nome estranho e em seguida emitam um boletim lamentando as mortes não previstas de dezenas de civis, catalogadas apenas como danos colaterais. Seja lá o que isso signifique, ficamos sempre com a impressão de que, mais do que pretender justificar, eles queriam mesmo era dizer: tanto faz.

Alienados do sofrimento alheio, nos comportamos como críticos apáticos do mal que não podemos modificar e citamos cifras horrorosas com a naturalidade de quem não tem nada a ver com isso. No entanto, quando alguém ousa transportar a tragédia para a nossa porta e debater conosco o sentimento resultante, bom, aí as coisas mudam tanto que usualmente choramos só de imaginar que aquilo podia envolver um dos nossos amados, intocáveis na nossa fantasia alienada.

Um vídeo impactante que circula na rede mostra um homem do povo questionado sobre o índice de criminalidade de uma cidade inglesa onde, no período de um ano, teriam ocorrido 252 mortes violentas. Admitindo que esse número era alarmante (eles não têm ideia de que essa cifra corresponde a de um mês pacífico numa grande metrópole brasileira), o repórter pergunta: "Que número o senhor consideraria razoável para esta situação?". Uma rápida reflexão e ele estipula: "Setenta, acho que setenta seria razoável".

E então começa a migrar pelo amplo corredor de acesso a essa área um bando de gente de todas as idades que ele imediatamente reconhece como sua família. E então o repórter lhe pergunta: "E agora, qual número o senhor acharia aceitável?", e ele, secando as lágrimas: "Zero. Tem que ser zero!".

Não importa a distância ou a latitude. Não existe ninguém que não faça falta para alguém.

A fadiga da indignação

O cumprimento rigoroso do rito processual é o que define o estado de direito, pelo qual todas as nações, em algum momento de sua história, lutaram com o denodo de quem percebeu que essa é a divisória entre a liberdade e a servidão.

Viver em estado de direito é o sonho do homem comum, que precisa sentir-se protegido por um sistema que lhe permita fazer suas escolhas em liberdade, tendo como único limitante o igual direito de seu vizinho, que certamente terá a mesma ambição.

Conta-se que um dos últimos monarcas da Alemanha, contemplando o enorme gramado dos fundos do palácio de verão em Potsdam, percebeu que, se fosse removida aquela construção ao fundo, haveria espaço para a construção de uma cancha de polo, sua paixão. Atravessou o terreno e se deparou com o dono de uma velha olaria. Quando comentou da sua intenção de comprar-lhe a propriedade, foi interrompido com a informação de que ela não estava à venda. Perturbado porque o homem nem quis saber quanto pretendia lhe pagar, o rei, perdendo a compostura, disse: "E o senhor sabe quem eu sou? O senhor tem noção de que eu posso tomar-lhe o terreno?". O velho teria sorrido e retrucado: "Como se não houvesse juízes em Berlim!".

Esta certeza de que não há ninguém acima da lei, não importando quem seja ou represente, é o alicerce que deve sustentar uma nação que pretenda ser de verdade, ou nunca será. Quando as leis são burladas, as sentenças são adaptadas a interesses menores e o exercício da justiça tem aquela morosidade de quem não acredita, começa a construção da impunidade, essa marca peçonhenta dos países subdesenvolvidos.

Claro que não precisávamos chegar ao requinte de ter réus assumidos, em exercício legislativo, na busca obstinada de brechas legais que lhes preservem ao menos a cara, porque a honra, até eles concordam que seria um exagero.

Sempre que ocorrem esses atropelos éticos, a sociedade consciente se articula de alguma maneira para protestar, porque sente-se ultrajada nos seus direitos elementares, e cada cidadão sente-se ameaçado pela possibilidade real de que venha a ser a próxima vítima. Desde 2013, as ruas do país foram várias vezes ocupadas por brasileiros que, excluídos os baderneiros, representam a média da população honesta, trabalhadora e, em algum momento, esperançosa.

Quando, no entanto, a repetição do protesto resulta em nada, os escândalos se multiplicam e não impressionam mais, as famílias que tenham mínimas condições só pensam em mandar seus filhos para o exterior e a mídia atazanada noticia com requintes de helicóptero a libertação de um megamarginal, as paredes do poço parecem tão altas que se tem a impressão de que chegamos ao fundo.

    Todos os que viveram mais de cinquenta anos devem lembrar que esse estado de espírito de constrangedora letargia sempre antecedeu os radicalismos. Não se deve subestimar uma nação cambaleante que chegou à fadiga da indignação, mas ainda assim demora para dormir com a desagradável sensação de que há alguma coisa muito errada com os juízes de Berlim.

A gratidão tem prazo de validade?

A necessidade que as pessoas sentem de anunciar gratidão eterna, com frases-padrão como "O senhor vai estar para sempre nas minhas orações" ou a menos religiosa "Enquanto eu viver, vou agradecer todos os dias o que o senhor fez por mim!", expressa apenas o desejo inicial de que esse sentimento se perpetue além do prazo exíguo que o tempo, um incorrigível borrador das boas lembranças, permitirá.

Baseado na minha larga experiência, a gratidão deixada quietinha, sem reforços periódicos, se dissipa numa proporção de mais ou menos 20% ao ano. De onde essa cifra? Da observação de que a cada cinco anos os presentes de Natal são progressivamente substituídos pelos dos novos agradecidos. E não seja inconveniente de se oferecer para refrescar a memória do agraciado, porque pior do que não ser lembrado é perceber que o outro está tentando, com um discurso sem emoção, parecer minimamente educado diante da saia justa do esquecimento involuntário. O tempo e a intensidade da gratidão também são variáveis, e claramente diferentes, entre pacientes que pagaram pelo atendimento e que se comportam com frequência como se no pacote dos custos estivesse incluída a disponibilidade ilimitada do médico e o paciente do sistema público de saúde, que na sua humildade e subserviência se mostra infinitamente grato pelo atendimento que recebeu com a consciência de que, por ele, nunca poderia pagar. Claro que as regras e as exceções moram dos dois lados da cerca, mas em geral, de onde menos se espera, daí mesmo é que não sai nada.

 A Eulália trabalhava como representante de uma marca de produtos de beleza, que vendia de porta em porta. Numa dessas andanças foi atropelada, sofreu lesões graves, esteve entubada durante semanas, recebeu uma traqueostomia e, depois de dois meses, foi para casa com esse buraco no pescoço porque um estreitamento alto na traqueia impedia a passagem de ar. Respirando por essa abertura e incapaz de emitir qualquer som, foi aposentada por invalidez. Cinco anos depois, quando a conheci no ambulatório do SUS e lhe disse que era possível reconstruir a passagem do ar de modo que ela pudesse respirar pela via normal e voltar a falar, ela me abraçou agradecida. Mesmo descontada a taxa de exagero que muitas vezes macula essas reações, aquele choro parecia do bem. Uma semana depois da cirurgia, respirando pelo nariz e se comunicando com uma voz levemente rouca, ela teve alta hospitalar. Na despedida, profundamente emocionada, jurou amor eterno, beijou-me as mãos abençoadas e voltou para a vida. Ela parecia muito feliz, e eu estava, por ela e por mim. Oito meses depois, recebi uma intimação para depor numa audiência em que uma paciente requeria indenização por danos morais, porque, como consequência de uma operação que eu fizera, ela ficara com uma voz rouca, que lhe reduzia a condição funcional como vendedora. O advogado leu o arrazoado, enquanto a Eulália encarava o assoalho. A juíza, estupefata e incrédula, pediu que ela resumisse a história e perguntou o que a movera a entrar com essa ação, e ela confessou: "Eu não queria processar o doutor, porque ele foi muito bom comigo, mas o meu vizinho, que é advogado, me explicou que eu tinha direito a indenização porque o doutor deve ter feito alguma coisa errada, senão a minha voz teria ficado normal". Arquivada a denúncia por ridícula e improcedente, fomos liberados. O tom de voz alto e forte com que ela anunciou a justificativa foi o meu melhor elemento de defesa. Com aquela voz, ela venderia qualquer coisa. Menos dignidade, porque o estoque tinha acabado.

Voltei para o hospital aliviado, mas desconfortável. O desafeto machuca mais do que qualquer pedido de reparação financeira. Desconfio que a Eulália sabia disso, porque em nenhum momento ela me olhou. A vergonha, como se sabe, coloca chumbo nas pestanas dos envergonhados.

A incompetência premiada

A nossa reconhecida tolerância com a incompetência já bastaria para explicar a dificuldade de avançarmos em direção ao desenvolvimento, o que nos mantém historicamente na condição exasperante de país do futuro, esse tempo que parece fadado a nunca chegar. Mas se essa sina não fosse suficiente, ainda compactuamos com certa indiferença com a acomodação do incompetente, que, não conseguindo sobreviver na atividade privada porque ali a ineficiência é intolerável, migra fagueiro para o serviço público, visto como uma espécie de terra que, sendo de todos, é de ninguém. E aí assume aquela posição arrogante que lhe confere a blindagem da estabilidade funcional.

Como erva daninha, esse tipo prolifera desafiadoramente, minando áreas críticas do serviço público como, por exemplo, a saúde e a educação. Na universidade, essa figura abjeta, travestida de mestre, contamina pela inércia, peca pela displicência e polui pelo mau exemplo. Deprime vê-lo agarrado ao emprego que despreza, mas que, apesar de mal remunerado, lhe oferece uma fatia da sobrevivência que não teria condições de buscar no mercado competitivo. Lamentável o dano que provoca ocupando vaga de quem poderia ter algo a ensinar, principalmente pelo desânimo que semeia entre os estudantes que, ávidos de modelos, nos procuram naqueles mestres disponíveis e, por falta de experiência, não têm condições de identificar a falta de virtude entre esses fantoches.

Na saúde, com a absoluta incapacidade de se imporem profissionalmente pela desqualificação técnica que os limita, esses inaptos buscam se aproximar de alguém com ingerência política, capaz de alocá-los em qualquer função burocrática em que possam dar a impressão de que têm alguma utilidade. Claro que essa pretensão é inalcançável, mas, por uma inata capacidade de persuasão, muitos deles se eternizam em um faz de conta que constrange a maioria do funcionalismo, qualificada e comprometida.

Como sempre é possível piorar, sobram exemplos desses apadrinhados que, depois de comprovarem sua inépcia em repartições da província, são promovidos por desmeritocracia para cargos mais elevados, de modo que a incompetência incontestável seja nacionalizada.

Nessa situação, além da desgraça espraiada em horizontes mais amplos, ainda fica como herança o desestímulo aos eficientes, que ficaram esquecidos e sentem-se desprestigiados por aquela incompreensível promoção.

O professor Rubens Maciel, de saudosa memória, um defensor incondicional da meritocracia, argumentava com ironia que, quando todo o serviço público brasileiro seguisse a organização do futebol, onde os melhores são festejados e bem pagos e os incompetentes, dispensados, estaríamos prontos para começar a ganhar prêmios Nobel.

Enquanto a amizade for critério de seleção profissional, seguiremos lamentando nossa condição de país subdesenvolvido. E como se tudo fosse só uma questão de má sorte.

Afeto é plantação

Que o afeto crônico é o melhor antídoto da indiferença, todo mundo sabe. Quando propus, numa mesa-redonda na TV sobre como criar filhos amorosos, o uso precoce e contínuo da massagem como forma de recrutar o carinho permanente das crias, fui encarado com uma mistura de surpresa e pouca fé. Argumentei que um filho massageado desde a infância, no mínimo, terá mais dificuldade de se rebelar contra um pai cuja lembrança esteja associada à reminiscência mais antiga de alguém encantado com a maciez da sola do seu pé, ainda bebê. A massagem, por tudo que representa de proximidade, respeito, carinho e intimidade, devia constar desses tantos manuais que pretendam ensinar jovens pais a se tornarem amados definitivos dos rebentos que vieram ou virão.

Quando a Jurema, uma paciente antiga, marcou uma consulta, pensei que pretendia fazer uma avaliação tardia de um câncer de pulmão que operara lá no final dos anos 90. Ao seu lado, muito sério, acomodou-se o Rodrigo, um jovem de uns dezoito anos, com uma cara bonita, que não conseguia disfarçar a ansiedade. Quando a mãe começou a rememorar a nossa relação, ele pressionou: "Mãe, conta logo!".

"Desculpe, doutor, eu sei que o senhor tem muitos pacientes para atender, então, para lhe agradecer uma coisa importante que aconteceu na nossa vida e não lhe atrapalhar, marquei esta consulta. Felizmente estamos sem doença na família, e a última revisão que fiz, há uns oito meses, mostrou que está tudo bem."

"Mãe, não enrola."

"Desculpe, doutor, mas o Rodrigo era meio rebelde e eu fiz questão que ele viesse junto para lhe dizer o quanto o senhor nos ajudou sem saber, falando aquelas coisas na televisão. Naquela noite, ele voltou tarde para casa e, em vez de reclamar, pois ele não cumprira o horário combinado, resolvi fazer um teste e disse: 'Meu filho, senta aqui, que quero te mostrar uma coisa interessante que aprendi hoje'. Primeiro sentado, depois esparramado no sofá, eu pude massagear-lhe as costas até que ele dormiu. No dia seguinte, durante o café, perguntei: 'E aí, gostaste da massagem?'. 'É, foi legal, mas acho que a minha namorada vai fazer melhor!' Não me incomodei com a provocação, porque fazia muito tempo que o bom-dia não vinha acompanhado de um beijo e isso, para o primeiro dia, já me pareceu demais. Nem vou perguntar para o Rodrigo quantas namoradas ele teve desde então, porque foram muitas, mas depois de um tempo ele acabava dizendo que tinha saudade da minha massagem, e aquilo me dava uma alegria!"

Terminada a consulta, emocionados, nos despedimos, mas a surpresa nos aguardava na porta: "Eu sei que a minha velha teve um câncer. Então, muito obrigado por ter salvado a vida dela. Eu nunca confessei a ela, mas nenhum dos meus amigos tem uma mãe carinhosa como a minha!".

E saíram enganchados com muito amor, aquecido naquele abraço. Nem disse pra Jurema que os nossos filhos sempre descobrem alguém que os massageie melhor do que nós, mas que não devia desanimar porque logo chegam os netos e tudo recomeça. Ela vai descobrir, então, que a doçura que eles trazem é capaz de compensar, com sobras, todas as asperezas da vida.

Um dia desses, o Zé Eduardo, meu neto menor, que circulara pelo colo da mãe e do pai, de repente, anunciou: "Agora vou ficar com o meu avô, porque a massagem dele é mágica!". E a Jurema nem sonha que o seu o ciclo de afeto está só começando.

Esses primitivos que somos

Dias depois daquele tsunami que varreu o leste da Indonésia em 2004, uma força-tarefa partiu em busca de sobreviventes nas ilhas mais distantes, algumas delas candidatas ao desaparecimento por estarem numa altitude menor. Numa dessas ilhas, com um cadastro de 1,2 mil habitantes, os prenúncios eram trágicos: havia resíduos da enxurrada devastadora até o pé da montanha. A surpresa ficou por conta da ausência de mortos. Todos tinham se recolhido para o alto da colina e de lá assistido, intactos, à onda colossal. Um velho pescador foi apresentado como herói, com seu relato original: "Ao chegar à praia no amanhecer, encontrei o mar recuado como nunca e com um cheiro muito forte de algas. Corri para a aldeia gritando para que todos se refugiassem na montanha. Felizmente, todos conseguiram fugir a tempo". Quando lhe pediram explicações, ele resumiu: "Recuar, o mar recua todos os dias, mas não com aquele jeitão de quem está indo embora. Além disso, havia aquele cheiro que eu já senti duas vezes, e até parece que o mar está revirando as tripas, e então achei que o melhor era não ficar parado para ter certeza!".

Não há registro científico da valorização do cheiro do mar como sinal de alerta para maremotos, mas aqueles muitos anos de pele rachada pelo sol de uma vida inteira tinham ensinado alguma coisa àquele avozinho de cabeça branca e voz muito serena. E ninguém pareceu animado em questionar o quanto aquela informação era empírica. Todos se contentaram em aplaudir o milagre, porque este era verdadeiro.

A capacidade humana de arquivar a percepção dos sentidos é bem reconhecida. Lembramos de cidades, bairros, casas e circunstâncias pelo cheiro. Também é assim com a iminência do sexo e com a proximidade da morte, que amor e morte têm cheiro, sim, senhor.

Outras vezes um determinado som desperta em algum lugar do cérebro uma reminiscência carinhosa ou hostil que, por desuso ou proteção, tinha sido apagada da memória. Um dos maiores prodígios da música é reconstruir instantaneamente as situações mais remotas, borradas da lembrança. Indivíduos tranquilamente acomodados, ouvindo música sem vínculo emocional, de repente, aceleram os monitores porque uma determinada canção tinha raízes de afeto tão profundas que permitiram liberar uma dose insuspeitada de adrenalina, armazenada há décadas.

Quantas das nossas recordações da casa da avó estão atreladas ao cheiro do pão saindo do forno, ao sabor da ambrosia inesquecível ou à delicadeza dos dedos dela alisando nossos cabelos?

Mas haverá atestado maior do nosso primitivismo sensorial do que encontrarmos um par bonito, inteligente, sensível, culto, sensual, elegante, carinhoso, identificado em gostos, prazeres e disponibilidades, e a relação não prosperar porque implicamos com o gosto ou o cheiro da adorável criatura?

Curioso que tantos séculos não tenham apagado os critérios da caverna. Esses que ninguém questiona, mas todo mundo entende e consome. Sem nenhuma vontade de explicar.

Sonho de menino

SE A NOSSA INCAPACIDADE de concretizar sonhos concebidos na infância implicasse em problemas emocionais, seríamos adultos muito mais deprimidos ou ranzinzas do que somos, e olhe que somos muito. Por sorte muitas dessas quimeras são sequer lembradas logo adiante quando nos deparamos com a vida real, reconhecidamente uma trituradora dos sonhos mais inocentes.

O futebol não é chamado o esporte das multidões por acaso. Muda-se o país, mas conserva-se intacto o encanto, com pequenas diferenças regionais. O grande Eduardo Galeano atribuía ao Uruguai o máximo de paixão quando reconheceu que dez em cada dez meninos uruguaios pretenderam em algum momento ser jogadores de futebol, com todos os desdobramentos fantasiosos de uma carreira de ídolo. Isto em parte explica por que o Uruguai, com sua população equivalente à grande Porto Alegre, produz uma sucessão de craques espalhados pelos melhores clubes do mundo, e que, quando reunidos, justificam o respeito com que a seleção daquele país é encarada em qualquer competição.

O Pablo, *un niño uruguayo*, tinha nove anos quando foi internado na Santa Casa, encaminhado por um médico de Santa Vitória do Palmar que ficara impressionado com o inchume do joelho. Admitido na unidade de pediatria, fomos obrigados, sob seu olhar perplexo, a cortar a roupa para examiná-lo. A cor azulada do pé era assustadora. Quando a descompressão reduziu a dor, Pablo conseguiu falar pela primeira vez: "Tio, quando é que eu vou voltar a jogar bola?". Como a resposta não saiu com a pressa que ele esperava, porque a equipe médica estava engasgada com a incapacidade de ser generosa, ele emendou: "Vocês não falam porque não sabem ou porque acham que eu nunca mais vou poder?".

Até o Pablito nos seus aninhos de inocência sabia que gaguejar nesta hora é o mesmo que dizer sim. Quando a primeira lágrima grande saltou do olho dele, isso funcionou como um gatilho, e um bando de marmanjos formou uma capelinha sobre aquele corpinho frágil e desabou num choro orquestrado, que se ouvia à distância. As pessoas podiam estar num dia ruim e por isso mais sensíveis, mas a impressão que fiquei, pensando nisso tempos depois, é que se chorava um tanto de pena e um tanto de pensar que ele tinha a idade dos filhos da maioria dos plantonistas ou dos netos de algum avô circulando distraído por aquela sala de emergências.

Não sei por quanto tempo choramos, mas foi o suficiente pra não esquecer. A tentativa de racionalização daquele pirralho trazido de ambulância e rodeado por estranhos emudecidos de compaixão foi ainda mais comovente: "Mas esta perna esquerda não é muito boa. Já perdi cada gol com ela!".

Com os soluços interrompidos por exaustão, ouviu-se um apelo que tinha a marca de última esperança, se é que havia alguma: "Mas nem de goleiro?".

Um amigo. O trabalho que dá

É TÃO IMPREVISÍVEL A CIRCUNSTÂNCIA e o momento em que duas pessoas se flagram amigas que a retrospectiva de amizades duradouras é sempre um festival de encontros inusitados, em que alguma afinidade carinhosa foi despertada sabe se lá por qual estranho mecanismo. Muitas vezes a sintonia é percebida mas não se completa, porque, apressados, nos dispersamos e, por esses atropelos da vida moderna, nos distanciamos de amigos potenciais, deixando a frustrante sensação de que poderíamos ter sido.

Outras vezes, o contato inicial é tormentoso e precisamos relevar a adversidade e a rudeza do primeiro encontro e reiniciar cheios de boa intenção, mas sem nenhuma certeza de que seremos mais do que mornas cortesias, essas que fazem a rotina entre civilizados.

Eu abomino chegar atrasado, mas naquela quarta-feira insana não consegui evitar. Entrei no consultório com a pressa da consciência pesada e pedi que a secretária passasse logo o primeiro paciente. Foi assim que encontrei o Marquinho pela primeira vez. Antes que pudesse me desculpar ou, mais remotamente, perguntar no que podia lhe ajudar, o baixinho empertigado iniciou um discurso inflamado sobre como os médicos são uns prepotentes, que não respeitam compromissos e tratam todos os pacientes como se fossem uns desocupados. Antes que me organizasse para reagir ao tiroteio, ele mergulhou num acesso de tosse tão intenso que resultou em perda de consciência.

Trinta segundos depois, com olhar meio esgazeado, ele recontatou com o mundo, sem saber que aquele tempo curto tinha sido o suficiente para o diagnóstico de colapso traqueal, uma patologia de entendimento recente, em que há uma flacidez da parede da traqueia, que desaba durante o esforço da tosse, provocando mais tosse e, nas formas mais graves, redução importante da circulação cerebral. Alguns desses pacientes referem ter aprendido que, iniciado o acesso de tosse, a primeira medida devia ser estacionar o carro, porque iam perder a consciência.

Para recomeçar a desastrada consulta, me pareceu recomendável reagir com a modesta pretensão de tentar algum controle sobre aquele tipo capaz de conservar o olhar de superioridade, mesmo sentado à beira do precipício. Achei conveniente um pouco de provocação: "Foi bom você ter me esperado, se não eu teria ido ao seu enterro".

De ânimos serenados, iniciamos uma amizade que foi fundamental no enfrentamento de situações subsequentes difíceis, que envolveram inclusive o diagnóstico de uma neoplasia rara, que exigiu uma cirurgia de alto risco. Acho que tenho muitos amigos, mas, em qualquer lista de prediletos, o Marquinho será sempre um dos cabeças de chave. Um dia desses, passados seis anos daquela consulta tumultuada, ele confessou à minha filha que, no dia seguinte, ele ainda não tinha decidido se queria ser meu amigo, mas que quando entrei na sala da broncoscopia e lhe dei um beijo em cada bochecha ele pensou: "Me entreguei, faça de mim o que quiser!".

Eu sei que 24 horas não farão nenhuma diferença na história de uma amizade definitiva, mas eu tenho um certo orgulho de ter percebido que seria amigo dele com um dia inteiro de antecedência. A propósito, respondendo a uma mensagem de fim de ano, ele escreveu: "Sempre haverá esperança quando um amigo nos vê melhor do que somos".

Você acredita em elogios?

Uma secretária experiente é capaz de redigir uma carta de recomendação irretocável. Uma pena que ninguém leia. Nada a ver com o talento da autora, mas simplesmente porque esse é um documento tão solicitado quanto inútil. Como se convencionou que é uma grosseria entregá-lo lacrado, quem se sente confortável em denegrir a imagem do candidato que buscou seu apoio porque considerou que a sua opinião faria diferença no futuro dele entregando-lhe um documento aberto, sem preocupação com os entretantos da sinceridade?

Alguns políticos, frequentemente premidos por pedidos absurdos de apoiadores de campanha, sem nenhuma noção da sua formidável mediocridade, ficam num impasse: não podem negar amparo a quem os ajudou no passado e deve seguir ajudando no futuro, mas também não pretendem comprometer a sua imagem com os destinatários, oferecendo-lhes descerebrados com celofanes de genialidade. Nesse sentido, são famosas as soluções criativas como, por exemplo, a cor da tinta, com significados que variam entre "leve a sério" e "esqueça este pedido pelo amor de Deus". Outros têm o cuidado de alertar seus correspondentes para o verdadeiro significado de "probidade inconteste", "comprometimento incomparável" e "criatividade nunca vista". O problema é que a verdade, na maioria das vezes, é áspera e incômoda, porque infelizmente, por mais que nos esforcemos para agradar, as pessoas de fato interessantes são raras e, justo por serem originalmente interessantes, já foram descobertas e não precisam da recomendação de ninguém. E então restam os que gostariam de ser e talvez nunca consigam, mas que não seja por falta de nossa ajuda, e aí voltamos ao início da meada e acabamos nos comprometendo.

No universo acadêmico, essa situação é muito frequente e desgastante. Aqui e no resto do mundo. Um professor, chefe do departamento de Medicina Interna de uma famosa universidade americana, escreveu um capítulo no livro *The Best of Medical Humor*, relatando a estratégia que adotou ao perceber o enorme desperdício de tempo e dinheiro envolvido na redação, durante um ano, de quase trezentas cartas de recomendação de ex-estagiários e mestrandos de seu serviço, em busca de postos de trabalho no mercado competitivo dos Estados Unidos. Idealizou então uma carta-padrão, com cinco campos abertos em que os adjetivos podiam variar. Para cada campo, um adjetivo, entre os quatro possíveis, era selecionado, e assim a carta estaria pronta em trinta segundos, com uma apreciável economia do tempo de trabalho da secretária. Cada chefe de departamento universitário recebia, previamente, uma correspondência fechada com uma espécie de glossário, em que o verdadeiro significado de cada adjetivo, pretensamente elogioso, era explicitado. Assim, um "temperamento inquieto", que parecia tão adequado a um cientista, queria mesmo descrever um egocêntrico com problemas de concentração, que não ouvia ninguém, ou o "extraordinariamente organizado", para identificar um portador de TOC incontrolável, ou "extremamente sensível", para reportar alguém que chorava durante o relato de casos graves, ou ainda "uma personalidade voraz", que daria a entender que se tratava de uma mente aberta e fascinada pelo novo, mas queria apenas avisar que ele "roubava comida da bandeja dos pacientes". O certo é que, por generosidade ou acanhamento, temos dificuldade de emitir opinião negativa sobre o desempenho dos outros e sempre preferiríamos elogiar.

Meu velho pai, incapaz de falar mal de alguém, quando isso era inevitável, sempre fazia uma introdução amortecedora. Lembro-me, com ternura, de ele falando de um grande desocupado: "O fulano sempre foi muito bonzinho para tratar a gente, mas como vadio..."

O inesquecível Ariano Suassuna, queixando-se de deputados que criticavam sua atuação como secretário da Cultura em Pernambuco, foi inteligente e original: "Aquilo me chateava muito, porque, como todo mundo, eu preferia ser elogiado. Mas confesso que fiquei agradecido pela gentileza de não me falarem na cara. Porque falar mal de alguém pela frente é ruim pra quem fala, pior ainda pra quem ouve! E então eu pergunto: o que é que custa esperar o infeliz virar as costas?".

Você já fez o seu milagre hoje?

TODOS OS ANOS, na primeira quinta-feira de fevereiro, no gigantesco salão de festas do Hilton Hotel, em Washington, comemora-se o National Prayer Breakfast, uma megafesta de confraternização benemerente, que costuma reunir mais de 3.500 personalidades de cerca de 150 países. O pódio é dividido entre o presidente dos Estados Unidos e um convidado, desconhecido até o momento em que é chamado para ocupar o microfone. A curiosidade pelo convidado incógnito é um dos charmes da festa.

Na mesa de honra, o presidente Bill Clinton, em primeiro mandato, e seu vice, Al Gore, acompanhados das esposas. Houve um frisson no auditório quando uma mulher miúda e magra, trajando um hábito branco com debruns azuis, se deslocou em passo lento na direção da tribuna. A Madre Teresa de Calcutá tinha sido agraciada, em 1979, com o Nobel da Paz, mas ainda era pouco conhecida do grande público americano. Apresentada como convidada do ano, iniciou sua fala com um discurso politicamente sereno que valorizava a solidariedade entre os povos. Depois de alguns minutos, mudou o tom, com uma pergunta surpreendente: "Quem aqui acredita em Deus, por favor, levante a mão!". Depois do pasmo inicial, menos por fé inabalável e mais pela urgência em fugir do constrangimento de ser o único ateu, todos levantaram as mãos.

"Muito bem, então estamos entre devotos, e isso é sempre tranquilizador. Na calçada, em frente a este lindo hotel, estava uma mendiga com três crianças, e então a minha segunda pergunta: quantos dos senhores pararam para lhes oferecer alguma ajuda?"

Depois de um burburinho que significava: *O que está acontecendo aqui?*, instalou-se um silêncio constrangedor, que só foi quebrado pela terceira pergunta, desafiadora e corajosa: "Como é que os senhores conseguem acreditar num Deus que não veem, se estão cegos para o sofrimento e a fome dos seus semelhantes?".

Esta pequena gigante e maravilhosa, Madre Teresa, que se tornou um símbolo mundial da generosidade, seguiu com seu discurso duro e realista e, ao terminar, provocou um aplauso delirante do público e uma rigidez facial nos poderosos governantes.

Admitiu que, mais de uma vez, ela própria teve conflitos com sua fé religiosa, mas nunca titubeou em reconhecer que a generosidade com o próximo é a mais autêntica conexão com o Ser supremo que cada um eleja como seu Deus.

Em 1948, ela recebeu autorização papal para sair do convento e ir viver entre os pobres na periferia paupérrima de Calcutá. Mesmo tendo uma vida destinada a ajudar os miseráveis, a sua canonização mereceu muitas críticas de seus detratores, que a acusavam de ser uma adepta da pobreza para manter a sua obra social, que se disseminou pelo mundo através das Missionárias da Caridade, envolvendo mais de três mil religiosas.

Tendo falecido em 1997, foi beatificada pelo Papa João Paulo II em 2003, e o processo de canonização só ocorreu em 2016, quando o Papa Francisco, diante da apresentação do segundo milagre atribuído a ela, assegurou-lhe a santificação, conforme os ritos da Igreja Católica. Seu poder de santidade continuou sendo contestado pela legião inconformada dos que não percebem que passar a vida inteira cuidando dos outros é o maior de todos os milagres.

Ingratidão, um estigma

A GRATIDÃO E A FIDELIDADE foram paridas do mesmo óvulo e deviam ser mantidas como siamesas e valorizadas como atributos dos seres superiores. A vida, no entanto, se empenha em depreciá-las pela banalização da injúria, do desapreço, da calúnia e da traição.

Mas a eventual prosperidade dos ingratos e infiéis não deve induzir à ingenuidade de supor que o fiel e agradecido seja um tolo, ou que o espertinho mal-agradecido valha alguma coisa.

Porque não importa a quantos degraus a ingratidão permita ascender, ela permanecerá como um estigma, daqueles duradouros, que colocam pedras no travesseiro, manchas na pele e quebra-molas na alma.

Numa época em que levar vantagem tem sido estupidamente interpretado como sinônimo de inteligência, os gratos e fiéis precisam ser valorizados, porque são símbolos de uma reserva moral que não podemos permitir que se extinga.

Os tempos mudaram e as vilanias trocaram de nome. O velho traíra de todos os tempos, ou o malacara da velha guarda rio-grandense, tem hoje a denominação de delator premiado ou, para parecer menos repulsivo (ainda que o cheiro seja o mesmo), colaborador premiado.

Não há nenhuma evidência de que essas mudanças nos tornaram melhores como cidadãos; pelo contrário, o ar de pretensa superioridade dos delatores ao depor dá a nauseante sensação de que eles se acham paradigmas da moral moderna, quando na verdade são uns escrotos, querendo passar uma mensagem de dignidade, que para eles é uma entidade abstrata, encontrável apenas nuns tipos estranhos que, por mania de honestidade, envelhecem mais pobres do que mereciam.

Curiosamente, os desprendidos, esses exemplares de índole qualificada que ao exercerem seu papel social engrandecem a espécie humana, são frequentemente depreciados pelos colegas de faixa social, que não suportam a comparação, que os diminui aos olhos do mundo civilizado.

Resistir aos comentários invejosos representa então uma exigência extra de maturidade, inspirada na convicção de fazer o que é certo, por se estar convencido de que essa é a mais proverbial fonte geradora de autoestima.

Nas muitas encruzilhadas da vida é constante a descoberta de que o correto é o mais difícil, e que ninguém encolhe por dividir suas conquistas ou por espraiar gratidão.

O ingrato, ao contrário, insaciável na sua pretensão narcisista, renuncia à grandeza de compartilhar e assume para si autoria e talento que todos sabem que não tem. A conformidade acaba prevalecendo e, com ela, a sensação pegajosa da covardia.

Certamente por isso, todo o ingrato é frouxo e covarde, uma combinação para marcar a alma como uma tatuagem que pode ser colorida e rebuscada, mas inútil em mascarar a pobreza do caráter.

Sem direito a arrependimento ou maquiagem, a ingratidão estará lá para sempre, como uma imagem impressa num espelho gigante, que poderá ser mil vezes estilhaçado, mas ainda restará ao menos um pedacinho delator para refletir, na essência, a sua mesquinhez.

Alguém que olhe por nós

Entre pessoas aquinhoadas, a principal diferença entre viver e fazer de conta passa obrigatoriamente pela seleção do que priorizamos como ração vital. Os que se alimentam exclusivamente de bens materiais serão sempre pobres coitados, independente do quanto armazenem. E nada incomoda mais a esses ricos toscos do que descobrirem que o patrimônio que nos diferencia como seres civilizados não se pode comprar.

Por essa razão, os que ultrapassaram a barreira mutilante da pobreza necessitam tanto da arte, porque todo artista olha por nós. Não importa se por delicadeza verdadeira ou prometida, ele dá um jeito de amenizar a nossa vida das asperezas do cotidiano.

E qualquer artista merece reconhecimento, porque lhe foi dada a graça de encantar e verter exultação por deslumbramento naqueles que se aproximam para sorver seu talento. No discurso que devia ter proferido na cerimônia de outorga do Nobel de Literatura, Soljenítsin reconheceu que os artistas precisam sempre ser valorizados por essa capacidade ímpar de extasiar, e que isso os torna superiores e especiais.

A escultura sempre foi a forma de arte que mais me encantou. Muitas vezes na vida me vi enlevado diante de uma obra mais ou menos famosa e me deslumbrei com o talento criativo de algum virtuose que conseguiu, retirando fragmentos de um bloco amorfo de pedra, deixar como produto final uma expressão dos sentimentos humanos mais nobres.

Impossível não se comover com o olhar enternecido de sofrimento de Maria na *Pietà*, uma soma de dor e perplexidade pela mutilação do filho amado, o que explica a frequente lágrima delatora da identidade materna em mulheres que se deparam com o talento ímpar de Michelangelo, estacionado lá há séculos, à espera de corações generosos.

Na Galleria dell'Accademia, em Florença, os turistas distraídos percorrem o corredor a passo acelerado para contemplar a estátua de Davi no fundo do passeio e, como rotina, ignoram os *Prisioneiro*s de Michelangelo, que consistem em quatro peças aparentemente inacabadas que, juntas, representam o movimento de umas estátuas tentando se desvencilhar do mármore como expressão de calabouço. O esforço desesperado daqueles homens muito fortes, buscando libertar-se da rocha que os aprisiona, sempre me pareceu mais vívido e comovente do que o olhar enigmático do Davi.

No Museu Salvador Dalí há a estátua de um guerreiro, esculpida em ferro, em que se percebe no olhar toda a alegria e a soberba de quem venceu e voltou para os louros da conquista. Quanto talento é necessário para fazer uma barra de ferro "falar"?

Meu sentimento diante dessas genialidades repete invariavelmente o pasmo daquele menino que Galeano descreveu num dos seus contos geniais:

"Um escultor trabalhava num estúdio imenso, num bairro pobre, rodeado de crianças. Todas as crianças do bairro eram suas amigas. Um belo dia a prefeitura encomendou-lhe um grande cavalo para uma praça da cidade. Um caminhão trouxe para o estúdio um bloco gigante de granito.

"O escultor começou a trabalhá-lo, em cima de uma escada, a golpes de martelo e cinzel, enquanto a garotada observava. Então as crianças partiram de férias, rumo às montanhas ou ao mar. Quando regressaram, o escultor mostrou-lhes o cavalo terminado. E um dos meninos, com os olhos muito abertos, perguntou:

"– Mas... como você sabia que dentro daquela pedra havia um cavalo?"

A arte em qualquer idade tem a missão mágica de enternecer corações e romper a blindagem que tende a nos tornar menos suscetíveis às expressões prosaicas da inocência. Essa inocência que vai sendo dilapidada pela inevitável hipocrisia do convívio social, que nos força a reprimir o que sentimos, em prol do ritual falacioso do politicamente correto. Quando percebemos, de tão simpáticos perdemos a espontaneidade e nos tornamos rígidos como aqueles blocos amorfos de onde precisaremos remover outra vez os fragmentos de pedra que nos embruteceram, se quisermos recuperar o encanto de sermos, sem preocupação com o que os outros achem que somos.

Cada um por si e haja deus para todos

Um estudo antropológico, realizado em Tbilisi, na Geórgia, está viralizando na internet porque revela o comportamento discriminatório das pessoas comuns em situações do cotidiano. Uma atriz de seis anos é exposta ao público em ambientes idênticos, mas com indumentárias diferentes, e as reações são radicalmente opostas. Ninguém deixou de socorrer a menina lindamente vestida, com uma carinha triste e ar de abandono, numa praça da cidade. Todos quiseram saber se ela estava perdida e se precisava de ajuda.

Horas depois, a mesma criança, agora maltrapilha, colocada no mesmo lugar, não mereceu nem o olhar de algum passante, porque a pobreza pode ser flagrada com um rabo de olho e, como encará-la poderia ser equivocadamente interpretado como vontade de socorrer, é melhor tratá-la como invisível.

A experiência foi repetida num restaurante da cidade: a versão produzida foi festejada, enquanto a pobrezinha, agora num ambiente confinado, provocou duas reações imediatas: por onde ela passava as bolsas, que descansavam distraídas nas cadeiras, foram prontamente recolhidas, e ela foi enxotada. Afinal, pobre com fome embrulha o estômago dos saciados.

Um estudo semelhante foi feito há alguns anos em Nova York. Um homem jovem, vestindo um smoking, caído na frente de um teatro na Broadway, foi imediatamente socorrido e levado de ambulância em tempo recorde. Na noite seguinte, o mesmo ator, agora como mendigo, caiu no mesmo local e mereceu como única atenção o desvio dos transeuntes, que, na medida do possível, procuravam não pisoteá-lo. Ninguém se dignou a gastar uma chamada de celular para solicitar assistência.

Difícil identificar o que está por trás desse comportamento que mistura egoísmo com discriminação pela pobreza em doses tão degradantes.

A impressão que se tem é que a maioria das pessoas vê os miseráveis como merecedores da sua condição e, portanto, é melhor deixá-los como estão. Outros, provavelmente um pouco constrangidos pela indiferença, se justificam contando histórias que ouviram por aí de assaltantes que simulam essas situações para surpreender os incautos bem-intencionados.

Uma amiga minha saía do aeroporto e, tendo visto um homem jovem estatelado num canteiro entre as pistas, parou o carro logo adiante, onde havia uma guarita, e alertou os policiais do seu achado. Ouviu como resposta: "Esse está sempre lá!".

"Mas ele me pareceu que respirava mal. O senhor não poderia dar uma olhada?"

"A gente cuida do nosso trabalho e a senhora podia cuidar da sua vida!"

A palavra de ordem da modernidade parece ser cada vez mais esta: não interessa se você vive em Tbilisi, Nova York ou Porto Alegre, cuide da sua vida e esqueça o RESTO.

Ah, e reze para ser encontrado por uma exceção se, um dia, VOCÊ precisar de ajuda.

Estorvo

Desde a primeira década do século XX, quando se começou a projetar a expectativa de vida da população, se percebeu que a cada cinco anos esse índice vai aumentando numa curva de crescimento cuja inclinação pode variar de países e continentes, mas é sempre ascendente.

Isso garantido, com a perspectiva de um número crescente de centenários brigando por espaço no planeta superpovoado, parece mais do que adequado começarmos o debate de como preparar o terreno para que as futuras gerações de longevos não se transformem em estorvos para a sociedade e, antes disso e mais triste, para as suas próprias famílias.

Com limitações inevitáveis e dependências previsíveis, essas levas de anciãos com graus diversos de saúde e lucidez precisarão ser alocados em funções que lhes mantenham ocupados e livres da sensação de inutilidade, esta que é, de longe, a condição mais degradante a que se possa expor uma criatura que um dia, de pele lisa e raciocínio rápido, se sentiu muito importante na vida.

Na contramão das conquistas médicas que asseguram essa longevidade festejada, pouco ou quase nada tem sido anunciado como avanço na busca da preservação cerebral. Os interesses imediatistas da sociedade moderna ainda agravam a perspectiva futura na medida em que, conforme publicação recente, se investe cinco vezes mais em pesquisas de terapias de embelezamento e de deficiências eréteis do que em prevenção da doença de Alzheimer.

A perspectiva de tempo ganho de vida a ser vivida sem qualidade é, sem dúvida, a maior ameaça aos milhares de candidatos a uma auspiciosa prorrogação de prazo que era impensável há poucas décadas. Dar sentido a esse ganho é assegurar que todas as pessoas possam envelhecer sem a decadência biológica precoce, que é uma linha divisória entre gozar a vida e desejar a morte.

Até agora o que mais fazemos é segregar nossos doces velhinhos, agrupando-os em lares geriátricos, alguns extremamente qualificados e zelosos, oferecendo atendimento de enfermagem diário e médico quando necessário, além da companhia de contemporâneos solidários em limitações, fantasias, memórias, rabugices, desesperança, saudade e solidão.

A Madre Teresa contou que ao visitar um desses asilos luxuosos ficou impressionada porque, apesar de alojados numa sala de estar equipada com TV e recursos de multimídia, todos mantinham um olhar meio triste, focado na porta de entrada. Questionada, a diretora, meio constrangida, admitiu: "A maioria deles está aqui há muito tempo, e ninguém mais vem visitá-los, mas este olho na porta parece ser o jeito que eles encontraram de dizer que nunca vão desistir de esperar que seus amados reapareçam".

Fazer o bem vicia

Os autores de gestos muito heroicos, claramente fora do alcance do limitado espectro de coragem das pessoas comuns, são vistos com um misto de admiração e perplexidade. Agrada-nos mais louvá-los do que imitá-los, mesmo quando tudo o que se pede é que copiemos a intenção, adequada às possibilidades de cada um. E com alguma frequência esses tipos superiores são tratados com o escárnio que dedicamos aos insanos.

Sempre me impressionou que esses heróis inimitáveis sejam pessoas simples, que não têm a menor preocupação em serem reconhecidas porque não dependem da opinião dos outros para se sentiram gratificadas. Pelo contrário, odeiam a publicidade estrondosa e consideram todos os elogios exagerados.

Durante a Segunda Guerra Mundial, Irena Sendler, uma engenheira alemã, conseguiu autorização para trabalhar no Gueto de Varsóvia, como especialista em canalizações. Conhecendo as intenções dos nazistas quanto aos judeus confinados lá, decidiu salvar as crianças judias que pudesse remover na sua camionete, que tinha permissão para entrar e sair do gueto. Enquanto pôde manter esse disfarce, conseguiu salvar cerca de 2.500 crianças, até ser descoberta e presa pela Gestapo e ser levada para a terrível prisão de Pawiak, onde foi brutalmente torturada, na tentativa de que confessasse os nomes e moradias das famílias que albergavam crianças judias. Suportou toda a tortura, sem jamais trair seus colaboradores ou as crianças ocultadas. Irena mantinha um registro com o nome de todas as crianças que conseguiu retirar do gueto guardado num frasco de vidro enterrado debaixo de uma árvore no seu jardim. Nas infindáveis sessões de tortura, quebraram-lhe os ossos dos pés e das pernas, mas não conseguiram quebrar a sua determinação. Já recuperada, foi, no entanto, condenada à morte. Na véspera da execução, um soldado alemão levou-a para o que anunciou como um interrogatório adicional. Quando ganharam a rua, ele gritou-lhe em polaco: "Corra!". Esperando ser baleada pelas costas, mas sem alternativas, Irena correu como só se corre pela vida e fugiu, escondendo-se nos becos cobertos de neve, até ter certeza de que não fora seguida. No dia seguinte, já abrigada entre amigos, Irena encontrou, aliviada, o seu nome na lista de polacos executados, que os alemães publicavam regularmente nos jornais com intenção de perpetuar o medo entre a população judaica. Sem se intimidar, ela conseguiu uma identidade falsa e seguiu sua missão. Terminada a guerra, tentou localizar os pais que tivessem sobrevivido, para reunir as famílias. A maioria, no entanto, tinha sido levada para as câmaras de gás. Para aqueles que tinham perdido os pais, ela ajudou a encontrar casas de acolhimento ou pais adotivos. Quase sessenta anos depois, foi indicada para receber o Prêmio Nobel da Paz, mas não foi selecionada. O Comitê agraciou Al Gore por sua campanha sobre o Aquecimento Global. Afinal, arriscar a vida todos os dias para salvar apenas 2.500 crianças não tem nada de tão especial!

Desconfio, às vezes, que os icebergs estejam derretendo por puro constrangimento.

Felicidade é o que conta

O MUNDO SERIA INSUPORTAVELMENTE MONÓTONO se as pessoas fossem iguais, mas como, felizmente, são diferentes, os protocolos de felicidade não podem ser estereotipados, como propõem os livros de autoajuda, que mais do que tudo ajudam seus autores. Isso posto, vamos excluir da discussão que pretendemos os conformados e os pacíficos, esses que só querem ganhar seu dinheirinho para garantir estabilidade e a volta sossegada para casa depois de mais um dia de trabalho monótono que copiou ontem e se repetirá amanhã. Fixemo-nos então nos inquietos, os que consideram que a vida que valha a pena não prescinde da sensação de que ela só se justificará se for alimentada pela adrenalina de quem busca, incessantemente, expandir os seus próprios limites. E por convicção total de que a felicidade, à semelhança do amor e da morte, não concede o meio-termo.

Uma ironia é que esses tipos, rotulados de sonhadores ou delirantes, sofrem o mais pobre dos bullyings: o promovido pela inépcia dos que não suportam que outros façam mais do que a sua própria mediocridade limitou. Mesmo respeitando a atitude dos que pensam que viver e durar é a mesma coisa, fico constrangido de ver jovens acomodados e pachorrentos, desperdiçando aquela idade em que se devia ambicionar a reforma do mundo e, mesmo não conseguindo, morrer, não importa o quão velho, com a convicção intacta de que era possível. E que só por falta de sorte não deu, mas foi por pouco!

Em mais de uma oportunidade, durante nossos congressos, me senti desconfortável ao ver simpósios sobre procedimentos de alta complexidade com salas vazias, porque ao lado os jovens se acotovelavam no anfiteatro maior, para ouvir as novidades sobre técnicas que não têm o que mudar de tão prosaicas que são.

Refiro-me ao médico desta geração que odeia desafios e se satisfaz em fazer coisas simples, que combinem preguiçosamente facilidade de execução, baixo risco e remuneração adequada.

É evidente que a alta complexidade é mais exigente e mais árdua. É certo que a pobreza das nossas instituições e o numeroso time dos que puxam para trás vão fazer a sua trajetória ainda mais difícil. Mas pense na alegria de conseguir o que os miúdos de espírito ironizavam. Não tenha medo de sentir medo, e quando isso ocorrer, e ocorrerá, corra pra frente, porque é pra lá que vão os que conquistam o direito de sentir orgulho por ter vivido.

Claro que se vivemos bastante, ao mirarmos adiante temos menos horizonte, mas em compensação, olhando para trás, há uma longa estrada que, tendo sido percorrida com gana e devoção, nos ensinou tantas coisas, boas e más, que só um ingênuo e pretensioso não pararia para ouvir. Então, ouça: a vida sem desafios é a antecipação da aposentadoria.

É uma passagem sem escalas da juventude para a senilidade. Se você é jovem, acredite: mesmo o velho mais festejado por ter sido bem-sucedido morre de inveja, e trocaria tudo o que conquistou pela sua idade maravilhosa e pela chance de fazer tudo outra vez. Mais e melhor. Se não acreditar nisso, comece a ser tolerante com seus amados, porque eles também terão dificuldade de disfarçar o desconforto do convívio com sua apatia. E se quiser ser respeitado com os netos no colo, esqueça as desculpas e arranje uma vida que resulte, ao menos, em boas histórias pra contar.

Eu erro, tu erras...

A relação de benefício/risco inerente à profissão médica tem peculiaridades e exigências raramente encontradas em outras atividades humanas.

O estabelecimento de protocolos e rotinas visa reduzir, ainda que não consiga eliminar, a possibilidade de erro sempre presente, a atormentar os profissionais mais zelosos. O intervencionismo da medicina moderna, em absoluto contraste com a parcimônia contemplativa dos nossos ancestrais, expôs de maneira fragorosa a frequência com que, mesmo os mais competentes e criteriosos, erram.

Consciente dessa ameaça e dos danos potenciais, a medicina moderna se socorreu da experiência protetora de atividades que convivem diariamente com o risco, que não deixa de ser trágico só porque é calculado. E, dessas profissões, nenhuma se revelou tão merecedora do plágio quanto a aeronáutica. Os modelos de checklist passaram a ser copiados, e os diálogos das cabines de comandos foram transferidos para as portas dos blocos cirúrgicos, com resultados altamente gratificantes. Alguns vícios, como, por exemplo, a supremacia hierárquica em que o subalterno se constrangia em repetir o questionário recém-feito pelo chefe, foram identificados e corrigidos. Da mesma maneira, foi desestimulada a informação presumida, tornando obrigatório que tudo, já confirmado, seja revisto em cada nova etapa. Uma experiência de aeroclube costuma ser usada para ilustrar o perigo de se presumir sem reiterar: um jovem na beira da pista, visivelmente ansioso, olha repetidamente o relógio, obviamente à espera do instrutor. Pouco depois, chega alguém, faz sinal de positivo, embarcam apressados e decolam. Minutos mais tarde, chegam juntos à beira da pista dois senhores com jaquetas idênticas onde se lia: *instrutor*. Imagine-se a surpresa e desamparo mútuo de dois novatos que, por afoiteza, se descobrem entregues aos céus do mundo sem supervisão.

Incorporadas essas rotinas, o passo seguinte consistiu em copiar a moderna aplicabilidade das técnicas de simulação, trabalhadas exaustivamente pelos pilotos, desde a primeira hora de sua formação acadêmica. A qualificação dos simuladores foi crescendo tanto que se percebeu que qualquer pessoa pode aprender a "pilotar" um avião de grande porte a partir do computador. A propósito, para os atentados de 11 de setembro, os terroristas foram inicialmente treinados em pequenos aeroclubes na Flórida, onde só aprenderam as técnicas mais elementares de aviação. O aprendizado subsequente, indispensável para o manejo de jumbos, foi todo feito em sofisticados programas de simulação em computadores. Depois da catástrofe, um dos instrutores referiu que lhe pareceu estranho que aqueles alunos não demonstrassem qualquer interesse pelas táticas de pouso!

Na esteira dessa experiência, as modernas escolas de medicina avançaram no desenvolvimento de bonecos que reproduzem com tal perfeição o corpo humano que praticamente todos os procedimentos médicos podem ser ensaiados e repetidos infinitas vezes, em busca da inalcançável perfeição. O uso de simuladores permite que a distribuição do conhecimento seja mais uniforme e, muito importante, que cada professor saiba instantaneamente o quanto o seu aluno, de fato, aprendeu, porque o mesmo programa registra os erros e acertos de cada aluno em treinamento. E como as máquinas não foram programadas para serem omissas ou condescendentes com os inaptos, é certo que teremos médicos mais qualificados daqui para frente.

Essa perspectiva deslumbrante explica o entusiasmo com que o professor Newton Aerts recebe os visitantes no moderníssimo Laboratório de Simulação, uma iniciativa conjunta da Santa Casa e da Universidade Federal de Ciências da Saúde de Porto Alegre. Um local a ser incluído em qualquer roteiro futuro de sucesso em nossa cidade.

Inteligência emocional: a falta que faz!

O Paulo Fernando é um bem-nascido. Nunca precisou pedir nada, tudo lhe era oferecido por um pai especialista em antecipação dos desejos do seu rebento. Apesar disso, o superpai, uma pessoa amorosa e bem-intencionada, nunca se sentiu correspondido no seu afeto desregrado, porque tinha sido vítima de uma tendência da modernidade em que se busca desesperadamente o amor dos filhos e se transfere a ideia do respeito para mais adiante, como se fosse possível amarmos a quem não respeitamos.

Pois, com esse perfil, o Paulo Fernando entrou na UTI de um hospital luxuoso com algumas fraturas de costelas, depois de um acidente de carro. Acostumado a ser servido com instantaneidade, anunciou desde logo que era um paciente particular e, portanto, tinha que ser tratado como tal, antes que as enfermeiras, doces e sorridentes, tivessem chance de cumprir a rotina da admissão na unidade e descobrir as virtudes que o impávido colosso anunciava. Como em qualquer relação humana, não se conquista afeto com palmatória, e o Paulo Fernando, tendo apresentado as credenciais da estupidez, teve um tratamento tecnicamente perfeito, porque é assim que se trabalha naquela unidade, mas ninguém poderia ser ingênuo de supor que alguém teria ânimo ou paciência para oferecer-lhe nem o mais amarelo dos sorrisos. E não tem como mudar essa reação sem que pareça violação de sentimentos ou atropelamento de afetos. Ele até tentou ser gentil por ocasião da alta, mas ninguém achou graça das brincadeiras nem se encantou com a enorme cesta de presentes oferecida pela família ao pessoal da UTI e que, antes do final da tarde, fez a alegria dos manobristas no estacionamento.

Mais grave do que a reação imatura de um mauricinho é perceber que existem pessoas que não têm a menor noção do que significa exercer o poder para o qual foram ungidas pelo voto popular e se transformam em Paulos Fernandos quando têm a gestão transitória de pessoas.

Que de nenhuma maneira pareça que estou compactuando com a atitude deplorável de médicos que eventualmente batem o ponto e vão embora tratar da vida. Longe disso. Acho que a atitude mais digna seria a demissão em massa, se fossem esgotadas as negociações pela busca de condições mais dignas. Pelo menos daqueles que têm condições de sobrevivência, de modo que possam dispensar o emprego que abominam. Refiro-me ao jeito grotesco com que o poder foi exercido. O telefonema gravado e colocado na mídia não foi apenas um ato desrespeitoso com o médico irresponsável, foi um gesto de soberba de quem, tomara que só por imaturidade, pensa que no século XXI o gerenciamento de pessoas pode ser exercido com chicote.

A rapidez e a intensidade com que o episódio viralizou nas redes sociais traduzem o desencanto da população com o nível da saúde pública brasileira, mas deviam ter passado pelo filtro minimamente perspicaz de um gestor com alguma sensibilidade para perceber que, usando a mídia, ele estava generalizando a crítica e, com isso, agredindo uma categoria indispensável em qualquer sociedade e que vem sendo tripudiada pelo poder público, composto momentaneamente por pessoas saudáveis e ricas o suficiente para comprar o socorro médico.

O gesto demagógico pode ter significado um ganho temporário da simpatia popular do prefeito, que parece não ter a menor noção de que o atendimento médico ideal envolve uma relação doce e generosa porque é, e sempre será, independente da estupidez do patrão, um encontro entre duas pessoas numa situação extremada: uma que está sofrendo e outra que, se estiver feliz, trabalhará melhor. A reação furiosa, orquestrada nas redes sociais, incitou a população à violência e atropelou com o roldão da desinteligência a maioria composta pelos médicos vocacionados.

Essa atitude certamente não traduz o sentimento do pobre paciente, que, por mais humilde que seja, já percebeu o quanto é mais agradável ser atendido por um médico contente com o trabalho que faz.

Afinal, a comida servida pelo garçom humilhado terá sempre um gosto mais amargo.

Faça sucesso com moderação

Para comprovar que, na essência, não mudamos, David Hume, já em 1738, no seu *Tratado da natureza humana*, fez uma observação que define a índole média das pessoas do bem: "Ninguém é completamente indiferente à felicidade ou à miséria dos outros". Algumas pessoas entendem que isso não é uma virtude, mas sim um sentimento, que pode receber a denominação de *empatia*. Curiosamente há mais incoerência em relação à felicidade do que à desgraça, ou seja, estamos mais condicionados à solidariedade na dor do nosso vizinho do que na exaltação de suas conquistas. É verdade que aqui entra a inveja como um componente contaminador dos afetos mais nobres, impondo que a felicidade alheia seja interpretada como uma afronta.

Enquanto a mídia, necessitada de heróis, e a população comum, carente de ídolos, festejavam a façanha do comandante Sully, que, em janeiro de 2009, conseguiu pousar seu avião avariado no rio Hudson, em Nova York, com seus 155 passageiros intactos, as comissões de controle e vigilância da rede aeroviária americana se desdobravam em esforços através de simuladores, empenhadas em provar que o pouso nas águas geladas do rio tinha sido uma irresponsabilidade, visto que, na opinião dos peritos, era possível voltar ao Aeroporto de La Guardia para uma aterrissagem segura. O comandante Sully se defendeu brilhantemente, alegando que os simuladores tinham iniciado a "volta para o aeroporto" logo depois de constatada a obstrução das turbinas por pássaros, ignorando o fator humano que inclui surpresa, medo, responsabilidade e o agravante de decidir sob a pressão do improviso. Quando a comissão ordenou que todas as simulações tivessem um tempo de espera de 35 segundos, antes de serem iniciadas as manobras de "retorno", nenhum dos aviões virtuais conseguiu "pousar". A impressão que ficou do excelente filme de Clint Eastwood é que o sucesso meteórico do comandante Sully tornou-se insuportável aos olhos dos que nunca tinham feito nada que justificasse uma participação no programa de David Letterman, numa dessas vilanias da espécie humana a dar razão ao cinismo inteligente de Oscar Wilde, que escreveu: "A cada bela impressão que causamos, conquistamos um inimigo. Para ser popular, é indispensável ser medíocre".

No mundo da ciência, cada conquista foi historicamente acompanhada de uma reação furiosa dos que, não tendo sido capazes de fazer, se rebelavam contra os que tinham tido a ousadia da criatividade, e quase todas as grandes invenções foram acompanhadas de rumorosos processos que lotaram tribunais de tacanhos sedentos. Meu amigo Paulo Prates, um estudioso da história da medicina, recuperou uma das melhores passagens no campo da cirurgia cardíaca, sua especialidade. O professor Denton Cooley, um ícone daquela cirurgia em todos os tempos, nos meados dos anos 70 participou de um audacioso projeto de desenvolvimento de um coração artificial, uma quimera embalada ainda hoje. Testada a engenhoca num paciente moribundo, que acabou falecendo, ninguém se interessou em valorizar a ideia brilhante e o avanço potencial que isso significava. Pareceu muito mais adequado aos seus detratores processá-lo por imprudência. Só um cérebro privilegiado daria aquelas respostas ao promotor:

– Dr. Cooley, o senhor se considera o melhor cirurgião cardíaco do mundo?

– Sim, Excelência.

– O senhor não acha que isso é falta de modéstia?

– Pode ser. Mas Vossa Excelência não pode esquecer que estou depondo sob juramento!

Entenda-se a fúria do arguidor. Nada massacra tanto a autoestima do invejoso quanto a consciência de que a resposta que o derrotou merecia ser aplaudida. E ele não foi capaz.

Até que a morte nos liberte

Encontrei tipos que trabalharam juntos até a aposentadoria, sem nenhum resquício de afeto recíproco. Tudo bem, não eram modelos de sociabilidade, mas louve-se que não permitiram que as diferenças pessoais interferissem na rotina alienante do que faziam. É certo que o produto final do trabalho conjunto teria sido melhor se fossem parceiros solidários, mas era uma repartição pública, e os controles de qualidade, precários o suficiente para que ninguém se importasse com a infelicidade deles ou a ineficiência do sistema.

Se alguém, inconvenientemente, lhes perguntasse qual tinha sido a missão de cada um neste mundo, seria um exagero esperar que a resposta fosse mais do que: sobreviver.

Conheci de perto um deles, e por esse soube do quanto o convívio tinha sido formal e morno. Penosamente. O que os unia era o desprazer de fazer o que faziam, e a falta de coragem de desistir e recomeçar. E assim, acovardados na origem, envelheceram. Não sem antes levarem para a vida afetiva o ranço pegajoso da incompetência, que pune inexoravelmente os desapaixonados.

Considerando que a morte apagou seu rastro, vou chamá-lo de Evandro, mas bem que podia ser Ezequiel ou Malaquias, e usar sua trajetória como um exemplo real. Pois o Evandro era casado com a Rosana, ou Aurora, ou Magdala, mas isso não importa agora porque, não tendo mais com quem implicar, ela perdeu a utilidade e assim, desocupada e inútil, também partiu.

Mas voltando à história: eles mantinham um dos ódios conjugais mais simétricos que conheci. Na noite anterior a uma cirurgia dele, quando entrei no quarto para a visita pré-operatória, tinha ocorrido uma rusga monumental. Não que houvesse hematomas visíveis, menos, menos, mas o rancor era tanto que quase se podia agarrar com as mãos. É interessante como, depois de um tempo, se aprende a linguagem corporal, sempre muito didática. Por exemplo, quando ele perguntou se a cirurgia era muito dolorosa, antes que eu respondesse, ela semicerrou os olhos, significando "Ele sempre foi um frouxo!". Ou "Dr., este tumor tem mesmo relação com o fumo?" provocou nela um desdenhoso balançar de cabeça, facilmente traduzível por: "Você fez por merecer, amoorr!". Certamente aquele foi o mais cruel depoimento silencioso que presenciei.

Dei as explicações pertinentes e saí aliviado. Sempre temi o poder potencialmente contaminante do desamor exagerado. No dia seguinte, terminada a operação, encontrei a família ansiosa por notícias. Quando expliquei que o tumor, um pouco mais avançado do que o previsto, exigira, além da retirada do pulmão inteiro, a remoção do pericárdio daquele lado, fui interrompido pela esposa, que, segurando o queixo trêmulo, perguntou: "E o que é o pericárdio?".

Ao ser informada de que era a capa do coração, ela emitiu um som que lembrava uma sirene e esboçou o que prometia um desmaio.

Provavelmente com a imagem de esposa devotada comprometida pela visita da noite anterior, recolhi a minha solidariedade, que devia ser espontânea, e recuei, concedendo-lhe todo o espaço para que se esparramasse no chão.

Confirmando minha previsão, no último instante ela se recuperou, e fomos assim poupados daquele espetáculo mal ensaiado.

Mais uma impagável lição do improviso, porque como já disse alguém, no mais das vezes, agimos com a cabeça e mantemos o comando, mas, quando surpreendidos, reagimos com o que somos. E a imagem que irrompe, sem caridade nem verniz, nunca é a que usaríamos numa campanha de marketing pessoal.

Liderança: que entidade é essa?

Os líderes são essenciais e buscados à exaustão, mas infelizmente não podem ser fabricados em série, independente do quanto se disponha de recursos para esse investimento. Com um talento nato, ele deve ser aquele tipo capaz de exercer, com naturalidade, a arte de comandar pessoas, atraindo seguidores e influenciando de forma positiva mentalidades e comportamentos. O "com naturalidade" foi colocado intencionalmente nesse conceito, porque uma das características imprescindíveis da liderança é a espontaneidade com que ela é exercida. A propósito, Margaret Thatcher disse com sabedoria e conhecimento de causa: "Estar no poder é como ser uma dama. Se tiver que lembrar às pessoas que você é, você não é".

Difícil assumir que um líder possa surgir por geração espontânea, mas é essa a sensação que se tem com algumas lideranças de origem mais improvável. E como a liderança é uma habilidade dificilmente transmitida geneticamente, é frequente que acompanhemos, pesarosos e desanimados, a evolução frustrante dos herdeiros de pais festejados e bem-sucedidos, mas que, deixados por sua própria conta e risco, naufragaram na incompetência, que não pôde ser evitada simplesmente pela triagem do DNA.

Partindo de uma inteligência acima da média e com humildade para ouvir as pessoas mais experientes, é possível alcançar um nível reconhecido de liderança, mesmo que o processo demande um tempo mais longo. O mais improvável modelo de líder é o egocêntrico. Por alguma razão, essa deficiência é mais encontrada entre "líderes" que herdaram a empresa. O egocentrismo fecha as portas às sugestões alheias e despreza uma grande verdade: ninguém sabe tanto que não tenha nada para aprender, nem é tão ignorante que não tenha nada para ensinar. Da mesma maneira se deve desacreditar dos que não conseguem delegar tarefas, porque essa incapacidade é provavelmente o maior bloqueador do desenvolvimento de uma empresa. O maior desafio em liderança ativa talvez seja construir a malha de comprometimento que será idealmente composta pela soma dos egos insuflados pelo reiterado reconhecimento da importância de cada integrante do processo, enaltecidos pela certeza de que, em trabalho de equipe, não existem tarefas secundárias. Uma das maiores responsabilidades do líder verdadeiro é a fomentação do espírito de grupo, que segue o conceito antigo de um provérbio africano: "Se quiseres ir rápido, vá sozinho. Se quiseres ir longe, vá em grupo".

A maioria das empresas organiza seus planejamentos estratégicos olhando para trás, no afã de não repetir erros antigos. Hoje se sabe que esse cuidado é útil, mas insuficiente. A retrospecção, que é prudente, não pode reduzir a inquietude pelo novo. As empresas, de qualquer natureza, tendem a ser superadas se o foco principal for apenas a manutenção de resultados, porque em um mundo de progressos efervescentes nada garante que resultados que encantaram num certo momento se repetirão.

Ninguém imaginaria que em menos de cinco anos uma potência do tamanho da Kodak seria engolida pela Instagram, que tem menos de vinte funcionários. Ou que as milhares de locadoras de vídeo da BlockBuster ao redor do mundo seriam pulverizadas pela Netflix, uma empresa quase virtual. Por isso, a frase mais constante em discurso de homenagens aos líderes verdadeiros é: "Ele/ela é um tipo que sempre andou adiante do seu tempo". Uma versão mais sofisticada do: "Quem não faz pó, come pó!".

Nunca deixe uma mãe sem notícias

A COMPENSAÇÃO PELO TRABALHO VOLUNTÁRIO nunca é claramente dimensionada, e a maioria silenciosa que se dedica a cuidar de pessoas desconhecidas descobriu que a generosidade se basta como atitude. Alguns poucos são distinguidos com o agradecimento público e recebem placas e medalhas que, se imagina, possam expressar o agradecimento por um trabalho espontâneo e generoso. Na maioria das vezes, essas pessoas recebem as homenagens com o desconforto que identifica os tímidos e discretos, que sempre consideram essas loas exageradas, porque preferiam o anonimato, aconchegante e suficiente.

A Vera nasceu numa família rica e ainda muito moça, naquela fase da vida em que a maioria dos favorecidos se sente deslumbrada, ela já estava procurando um jeito de ajudar àqueles que não tinham tido tanta sorte. Os maldosos justificavam esse desprendimento como uma tentativa de expiação compensatória pelo descompasso entre a desventura dos outros e a felicidade dela. Mas ela nunca se sentiu assim, apenas gostava da companhia pura dos velhos sem família e das crianças sem nada. A simpatia e a espontaneidade do afeto da Vera, que percebi em dez minutos da primeira consulta, despertavam uma reação instantânea entre os velhinhos do asilo por onde começou seu voluntariado. Depois de uns dias já era a melhor amiga da dona Ana, uma viúva de olhar triste, que lhe fez um pedido angustiado: "Preciso de grande favor seu. Estou muito preocupada, porque não sei o que aconteceu com meu filho. Um dia desses, lhe pedi que me comprasse um doce de abóbora, ele saiu para ir ao mercado e nunca mais voltou. A senhora poderia procurá-lo pra mim? Ele trabalha na cooperativa".

Lá se foi a Vera à cata do filho descuidado, que não só se esquecera do doce preferido mas também não avisara que ia se atrasar por algum imprevisto. Revisado o quadro funcional, verificou-se que nenhum Agenor trabalhara na cooperativa, pelo menos não nos últimos vinte anos, que era a idade do arquivo. Desanimada, teve uma ideia redentora: passou no supermercado, comprou um vidro do tal doce e voltou ao asilo. Antes de cumprimentar a Vera, o olho que mirou no pote de abóbora já se encheu de lágrima e a Vera, comovida, abraçou a amiga: "Então você o encontrou! Que maravilha! E ele está bem?". "Ele está muito bem, estava saindo de viagem para o Mato Grosso para um trabalho que vai lhe dar muito dinheiro. E assim que voltar virá lhe ver!"

"Obrigada, minha filha, só saber que ele está bem, já me tirou um peso do coração", repetia sem parar.

Quando comentou com a diretora, ela confirmou o que já presumira: a dona Ana não recebia visitas há mais de vinte anos. Na saída, resolveu dar uma espiada pela fresta da porta. Abraçada ao vidro, já pela metade, a velhinha era a imagem da felicidade. Ria e chorava alternadamente, e de quando em quando limpava o nariz na manga do pijama puído, das lágrimas que escorriam sem parar.

Com cérebro confuso, mas afeto intacto, dona Ana só precisava de notícia, alguma notícia, qualquer notícia, se mais não houvesse.

Não mexam no nosso sonho

A REUNIÃO EXTRAORDINÁRIA na Academia Nacional de Medicina tinha sido convocada, no meio das férias, para uma modificação de estatuto que permitisse acesso a uma verba para restauração do museu dessa entidade de quase duzentos anos. No final, porque a situação da medicina no país está caótica, e tudo no Rio de Janeiro consegue estar ainda pior, a conversa desandou para uma espécie de catarse, em que cada representante da uma instituição reportava as mazelas da sua área, incluindo o fechamento de laboratórios de pesquisa, atraso de meses no salário de professores e funcionários da Universidade Estadual, mestrandos e doutorandos com bolsas de subsistência interrompidas e, para coroar, o relato de uma mestranda da universidade, a um semestre da conclusão do curso, distribuindo currículo numa sinaleira em Botafogo, para tentar um emprego de secretária que lhe permita sobreviver o tempo de realizar o sonho de uma vida.

Quando a reunião felizmente terminou, ninguém mais tinha vontade de falar, porque não havia mais o que dizer, senão lamentar o que fizeram com a esperança que tínhamos. Difícil saber o que nos deprime mais: que tenham mexido no nosso sonho ou terem feito isso sem consulta, como se não existíssemos.

Entrar no táxi a caminho do aeroporto e abrir os e-mails tinha a clara intenção de dar um tempo naquela depressão orquestrada. E, então, uma mensagem que listava os melhores instantes da vida de um médico foi redentora, visto que há que continuar, até porque não sabemos fazer outra coisa. Cada um dos momentos reflete uma situação ou circunstância em que invariavelmente concluímos: que profissão maravilhosa é esta!

- O choro do recém-nascido.
- O despertar de um paciente comatoso.
- O som da retomada dos batimentos cardíacos de um paciente tratado de uma parada cardíaca.
- O genuíno *Muito obrigado* de um paciente aliviado do seu sofrimento.
- Quando alguém, casualmente, o reconhece na rua e, comovido, lhe agradece na frente dos filhos.
- Quando o mais pobre dos pobres coleta vinténs para comprar uns docinhos para lhe agradecer por tê-lo tratado de graça.
- Quando alguém, durante o trabalho, lhe diz: "Tome um tempo para descansar, doutor, o senhor está trabalhando demais!".
- Quando um jovem confessa: "Um dia eu quero ser um médico igual ao senhor".

Desliguei o iPhone e fiquei pensando que eu poderia acrescentar a essa lista a história da velhinha que depois de consolada no seu desespero se despediu e minutos depois voltou, dizendo que achava que, se eu segurasse um pouco mais a sua mão, ela nunca mais sentiria medo.

 Não tenho ideia do quanto os pacientes têm noção do nosso grau de carência, mas seria bom que soubessem. Aliviado pensando nisso, dormi quase todo o voo da volta.

Ninguém ensina ninguém a ser engraçado

Ninguém ensina ninguém a ser engraçado, no máximo podemos insistir para que o candidato desista de tentar, antes que seja rotulado como um chato. Porque é muito irritante conviver com quem, não tendo senso de humor, ao insistir em fazer graça, não consegue ser mais do que um bobo. Alegre, mas bobo.

Sempre tive especial encanto pelos que conseguem ser divertidíssimos falando sério. Um tipo de humor raro e requintado. A seriedade das declarações muitas vezes é confundida com azedume, mas não importa, porque o produto final é a melhor das gargalhadas. O humor meio ácido de Mario Quintana, captado pela sensibilidade incomum de Juarez Fonseca nas várias edições do *Ora bolas!*[*], é uma preciosidade do melhor humor rabugento. Adoro a história do diálogo dele na tesouraria do jornal onde tinha ido em busca de mais um vale porque, como sempre, o dinheiro terminara antes de o mês acabar. Ao ouvir do responsável: "Mas, poeta, o senhor já tem montes de vales!", respondeu prontamente: "Meu filho, você vai ter que se decidir: ou são montes ou são vales?!".

---

* *Ora bolas!* Coleção L&PM POCKET, 2006.

Meu pai era um homem compenetrado, quase casmurro às vezes, ainda que gostasse de ouvir uma piada. Mas as melhores respostas dele tinham esta marca: a frase seca e séria, e por isso mesmo muito engraçada. Lembro de uma vez em que lhe perguntei como estava um dos meus irmãos, recém-separado, que viera passar uns dias com ele em Porto Alegre. A síntese estava pronta: "Acho que ele está muito bem. Esta história de que as pessoas se separam e se deprimem, acho que com ele não vai acontecer. Mas é verdade que ontem estávamos lá no Iguatemi e, quando saíamos da Renner, ele tropeçou num manequim e pediu desculpas, mas ele está muito tranquilo!".

O professor Tarantino, meu guru na Academia Nacional de Medicina, era temido como integrante de bancas universitárias, porque seus pareceres podiam ser generosos ou cruéis, mas sempre imprevisíveis. Participando de uma defesa de tese de mestrado sobre derrame pleural tuberculoso, iniciou assim: "Como publiquei muito sobre este assunto, comecei a ler a sua tese pelas referências. Não me encontrando lá, fiquei deprimido, mas logo me confortei porque também não estavam Wirchow, Koch, Calmette ou Guérin, e então, enquanto me consolava, senti muita pena da sua solidão". Outra vez, convocado para sabatinar um candidato pernóstico de uma universidade rival, começou seu parecer com uma longa frase copiada na véspera. Quando o infeliz confessou: "Desculpe, ilustre professor, mas não entendi uma palavra do que o senhor disse!", ele calmamente respondeu: "Não me surpreende, porque este trecho é de um poema grego que, não importa o quanto eu goste, eu só o selecionei para que o senhor soubesse como eu me senti lendo a sua tese!".

Ariano Suassuna também tinha uma maneira peculiar de expressar indignação. Uma tarde, levou do avião para uma conferência na USP a matéria de capa do segundo caderno de um jornal que se referia à banda Calypso, pela qual ele tinha uma assumida ojeriza, como símbolo da música nacional, e a seu membro Chimbinha como genial. O discurso de protesto foi inesquecível: "Se a banda Calypso é símbolo da música nacional, eu quero ficar surdo. Além disso, eu sou um escritor brasileiro, então a língua portuguesa é meu material de trabalho. Ora, se alguém emprega a palavra genial para falar do Chimbinha, o que eu faço quando tiver que me referir a Beethoven? Vou ter que inventar uma palavra nova! Tenham paciência!".

O mestre Nelson Porto, o maior diagnosticista que a minha geração conheceu, era o terror dos patologistas, para quem ligava sempre que o laudo anatomopatológico não era coerente com o contexto clínico-radiológico. Numa dessas chamadas, o diálogo começou assim: "Foi o senhor que viu o exame do fulano?". "Sim, professor, algum problema?" "Eu queria saber que dia o senhor fez este laudo." "Foi na semana passada." "O dia exato, por favor!" "Um momento." "Eu aguardo." Intervalo. "Foi no dia 23, professor, mas por que o senhor queria saber?" "Ah, eu queria que o senhor anotasse como tendo sido um dia muito infeliz da sua vida, porque o senhor errou praticamente tudo. Era só isso. Obrigado, boa tarde!"

O estigma da invisibilidade

O FANTASMA DA INVISIBILIDADE deprime a todos e, de maneira mais contundente, aos que, em algum momento, estiveram sob holofotes. Perguntem a um artista de sucesso o que mais o incomoda e ele dirá: a falta de privacidade. Agora questionem um velho ator aposentado do que mais sente saudade e, de olhos marejados, ele confessará: do assédio dos fãs. Muitos ex-atores, segregados no Recanto dos Artistas, com uma tristeza de doer pendurada no olhar, muitas vezes se queixam da falta de generosidade da morte, que bem podia ter chegado antes que se fechassem as cortinas.

Mais dramática do que essa previsível obscuridade no ocaso da vida é a que relatam alguns velhinhos ao se sentirem excluídos dos projetos familiares, seja porque não ouvem tão bem e as pessoas se cansam de repetir, ou porque as pernas menos obedientes não acompanham o ritmo do pessoal, que depois de um tempo não consegue mais disfarçar o incômodo do estorvo.

Mas existe um outro tipo de invisibilidade, mais infame e mais cruel, o da insignificância. Com ele se magoam as pessoas humildes, essas que executam tarefas tão simples que ninguém as vê. Os melhores gestores aprenderam por experiência que toda a grande empresa que depreciar como secundárias aquelas funções que podem ser cumpridas por pessoas com menor tempo de treinamento começará a ruir nos seus alicerces. E esses tipos, indispensáveis para o andamento da máquina, algumas vezes se revelam vitais.

Naquela sexta-feira, o engenheiro de alimentos resolveu dar uma última olhada na temperatura da câmara frigorífica antes de sair para o fim de semana. O desespero bateu quando se deu conta de que a porta de aço tinha fechado sozinha. Tentou acionar o sistema de alarme, bateu, gritou e, desesperado, sentou no canto mais distante do ponto de saída do fluxo gelado.

E o tempo foi passando e com isso a certeza de que morreria.

Três horas depois, quando tremia o corpo todo e já nem sentia mais as extremidades, de repente a porta se abriu e entrou o porteiro da empresa, com sua cara preta sorridente.

Tratada a hipotermia, perguntou ao seu salvador: "O que te levou a abrir a porta da câmara, depois de tanto tempo que todos já tinham ido embora?".

"Ah, doutor, nem sei como é que vou lhe explicar, mas o senhor é o único aqui na empresa que me cumprimenta na chegada e na saída. Eu lembrava com certeza do seu bom-dia, e então, quando senti falta do seu boa-noite, soube que tinha acontecido uma coisa muito ruim, e saí a lhe procurar!"

O que a gente aposenta, quando se aposenta?

Depois de muitos anos, nem sei exatamente quantos, encontrei-o na praia, em Vitória. Caminhava com aquela lerdeza de quem saiu de casa determinado a ir a lugar nenhum. Com mais cabelos do que a maioria dos contemporâneos e uma condição física macroscópica invejável, contou-me que desde que se aposentara de sua função burocrática, há vinte anos, alternava residência na praia e na cidade conforme o clima e o humor. Pareceu surpreso quando lhe perguntei como ocupava o tempo e anunciou como se fosse um diferencial da qualidade: "Eu caminho muito!". "Bom para as pernas", foi o comentário mais inteligente que me ocorreu.

E então nos despedimos. Ele sem mais o que contar, e eu sem ânimo para argumentar o quanto me parece injusto que esses tantos que aprenderam o que podiam, ainda não começaram a esquecer, têm saúde e, na falta de vontade de fazer alguma coisa útil, se contentam em esperar a morte, disfarçada de aposentadoria. Um atestado inequívoco de que, enquanto faziam o que fizeram, preferiam estar fazendo outra coisa.

Claro que as pessoas são diferentes, e todas têm o direito de fazer o que quiserem de suas vidas, incluindo nada, e as coisas que energizam alguns enfaram outros. Aliás, são essas diferenças na busca da felicidade que tornam tão pouco produtivos os livros de autoajuda ao proporem modelos padronizados para perfis incomparáveis. Por essas discrepâncias não se pode pretender afinidade entre tipos que consideram que felicidade é andar descalço na praia deserta e os que acham que ser feliz depende de se alcançar um ponto de equilíbrio no máximo de tensão. Sem dúvida, as pessoas que fizeram alguma diferença nesta vida estavam todas no segundo grupo, mas entender essas disparidades e vicissitudes, e não tentar modificá-las, além de prática saudável de convívio social, é um exercício de sabedoria.

Sempre tive a curiosidade de imaginar em que momento da vida uma escolha infeliz desembocou nesse desânimo, agora irrecuperável. Teria sido vítima daquela apatia que deixa muitos adolescentes com olhar marasmático e que, de tanto ter dúvida do que fazer, acabam se convencendo de que não gostam muito de nada e assumem a primeira função que o acaso lhes oferece, e seja o que tiver que ser?

Ou teriam idealizado algum projeto e desistido quando perceberam que era mais difícil do que imaginaram? A principal marca das pessoas de sucesso é a obstinação, e se sabe que a maioria das desistências ocorre no primeiro mês do investimento, o que mostra o alto grau de resignação e abandono diante das adversidades.

Quando se observa o comportamento atual da juventude, com a marca da informação instantânea e da privacidade pulverizada pelo compartilhamento total, saltam aos olhos dois erros conceituais graves: não há possibilidade de relacionamentos afetivos sólidos na superficialidade do Facebook, nem a mínima chance de realização profissional sem trabalho árduo. Esta geração marcada pela ansiedade diante da primeira dificuldade descobre que os amigos verdadeiros se contam nos dedos e são os mesmos de antes das redes sociais, e que as conquistas profissionais demandam um tempo às vezes exasperante. Como os milagres são raros, esses jovens se inspiram em exceções do sucesso e ficam presos à fantasia, que, quando percebida como tal, instala um doloroso ciclo de depressão que é o estopim para a maioria das vítimas de drogadição. Só o encanto da descoberta de algo que lhes acelere o coração dará à vida essa energia que enternece a alma, dilui o cansaço, espanta a monotonia e explica por que, para esses felizardos, o ócio da aposentadoria é insuportável.

O que a escola, às vezes, consegue

Sempre gostei da sala de aula. Assim que terminei a residência médica, fiz concurso para a função de professor auxiliar de ensino da então Faculdade Católica de Medicina, uma escola que vi crescer e aprendi a amar como uma das extensões da minha vida que mais gostei de viver. O convívio diário com os estudantes me ensinou o encanto do olho brilhando quando alguma coisa que dissemos mexeu com os sentimentos de quem, sem perceber, fecha o virtuoso círculo pedagógico, porque a relação aluno/professor só se completa quando os dois voltam diferentes para a aula do dia seguinte. Não é possível inspirar ou ser inspirado por uma ideia nova e seguir a vida como se nada tivesse acontecido.

Como não existem duas turmas iguais porque as pessoas, felizmente, são diferentes, o desafio da conquista de confiança e afeto se renova em cada novo trimestre. O sentimento é idêntico ao descrito por artistas veteranos que confessam que o frio na barriga ao entrar no palco os acompanha até a aposentadoria ou a morte, que não por acaso são sinônimos para quem faz o que faz no limite da paixão.

Algumas turmas são especialmente difíceis e a conquista, mais desafiadora. Na nossa faculdade, a maioria dos grupos quando chega para a cirurgia torácica já passou pela cirurgia plástica, urologia e ortopedia, de modo que se uma determinada turma é mais complicada, as notícias chegam antes.

Foi assim com aquela turma, que o nosso insubstituível Roberto Chem, com seu humor ácido, definiu como "um grupo marca diabo, uma gangue, e, mais do que isto, uma gangue com líder!".

Já tinha quase esquecido dessa advertência quando entrei na sala para uma turma nova e soube, instantaneamente, que *eles* tinham chegado. O alarido que ignorou a entrada do professor, as roupas despojadas, as camisetas da Sepultura (uma banda que em algum momento do século passado simbolizou rebeldia), os tênis luminosos no calcanhar repousando nas cadeiras da frente, tudo enfim apontava para uma barra-pesada a desafiar o convencional. Tendo percebido que alguma coisa tinha que ser feita *agora*, tive uma ideia boa: "Pessoal, além da cirurgia torácica, tenho um interesse antropológico: como há uma diversidade de caminhos para se chegar à nossa escola, gostaria que vocês me ajudassem numa pesquisa paralela: qual é a procedência dos nossos atuais acadêmicos? Não se assustem, porque a pesquisa é simples. Só peço que vocês se comportem aqui como se estivessem nas suas próprias casas e saberei, imediatamente, da origem social de vocês".

Apanhados de surpresa, sem chance de ensaiarem uma pose de rebeldes irreverentes, todos se retraíram, e em dez segundos tínhamos uma turma de gente jovem e bonita, em atitude compatível com estudantes de uma Faculdade Federal de Medicina. Acho que foi o primeiro confronto daquela turma com uma realidade que a circunstância inesperada apenas antecipou. Quando lhes disse que queria agradecer em nome dos futuros pacientes que tratariam, porque os enfermos sabem como ninguém valorizar uma atitude respeitosa que lhes dediquemos num momento de fragilidade máxima pela doença, soube, instantaneamente, que os tinha conquistado. O "marca diabo" sabidamente é inteligente, até porque de outra maneira não sobreviveria.

Direcionar para o bem aquela energia aparentemente maligna é um dos maiores e mais gratificantes desafios para qualquer professor. Assistir à guinada daquela turma em direção ao mundo real foi uma experiência inesquecível.

Os ladrões da esperança

O DONO DA SAMSUNG teve o diagnóstico de uma patologia cirúrgica grave e foi aconselhado pelo seu médico a operar-se nos Estados Unidos, visto que a tecnologia para o seu caso era maior lá do que a disponível na Coreia do Sul, apesar dos avanços contemporâneos naquele país.

Internado num grande centro médico americano, teve confirmada a indicação cirúrgica, e o chefe da clínica, para tranquilizá-lo, disse: "O senhor será operado pelo nosso melhor cirurgião, considerado neste momento um dos astros da cirurgia internacional".

No fim da tarde, entrou no quarto um jovem cirurgião e com ele uma mistura de surpresa e orgulho. O rapaz sorridente era coreano. Da Coreia que deu certo, naturalmente.

No pós-operatório, encantado com o resultado, o empresário, um dos homens mais ricos do mundo, chamou o jovem cirurgião para conversar e saber das razões da emigração. No final da conversa, uma promessa e uma exigência: ele construiria em Seul o mais moderno centro médico que o dinheiro pudesse comprar, mas o jovem cirurgião devia retornar à Ásia e assumir a direção daquele empreendimento. E assim, numa fusão de oportunismo e competência, um grande talento que por todas as razões parecia perdido pôde ser resgatado e é hoje uma das estrelas do majestoso Samsung Medical Center.

Nenhum país que pretenda ser minimamente progressista e competitivo pode abrir mão desses talentos genuínos, porque só esses cérebros privilegiados podem fazer alguma diferença em todas as áreas do conhecimento, mas muito marcadamente na ciência.

Esta é uma triste sina dos países mais pobres: não conseguem reter quem contribuiria para alavancar o desenvolvimento e, empobrecidos na origem, precisam se contentar com os medíocres e conformados, porque esses, conscientes de suas limitações, se submetem às mazelas por falta de alternativas e provavelmente procriarão uma nova geração de submissos.

Confirmando a tese de que sempre que é possível piorar a gente consegue, a última década despertou para a imigração uma geração de jovens não necessariamente brilhantes, mas convencidos de que a esperança que os manteve sonhadores se esboroou. E então, olhando os filhos pequenos, órfãos de sonhos reais, concluem que a decisão mais inteligente é renovar o passaporte.

Uma pesquisa entre profissionais recém-formados de todas as áreas revelou um índice assustador de candidatos a abandonar o país na primeira oportunidade, interessando menos qual será o destino final, como a dizer que com o futuro prenunciado aqui nada poderá ser pior em outro lugar, qualquer que seja a alternativa oferecida.

Na conta dos bilhões que a Lava Jato tem levantado nas denúncias e delações, precisa ser contabilizado esse impagável roubo da esperança.

Os protagonistas deixam heranças

Moacyr Scliar deixou uma herança característica das pessoas extraordinárias: seus amigos nunca se cansam de falar dele. Isso se tornou evidente nos muitos encontros programados para celebrar os oitenta anos de seu nascimento. Nunca convivemos muito, mas nos cruzamos várias vezes nas esquinas da vida corrida que levávamos.

Na primeira vez o encontrei na UTI do Pavilhão Pereira Filho. Ele tinha sofrido um grave acidente de carro, quebrado várias costelas, e estava gemendo de dor. Naquela noite, ao voltar tarde de uma festa, resolvi dar uma passada no hospital para ver como ele estava e encontrei-o dormindo. Um tempo depois, enquanto aos pés da cama eu observava, preocupado, a sua respiração pesada, ele despertou, olhou-me, sorriu e voltou a dormir. Dias depois escreveu uma linda crônica contando o quanto era confortador para um paciente assustado na UTI acordar no meio da madrugada e encontrar dois olhos grandes a vigiar-lhe o sono.

Nos anos que se seguiram, professores da mesma escola de medicina, organizamos algumas Jornadas de Literatura com a intenção de mostrar aos estudantes que todo exercício intelectual que servisse para aumentar-lhes a sensibilidade seria de enorme valia. Estávamos alinhados com a tendência crescente das melhores escolas médicas do mundo de introduzir nos currículos da graduação os temas que discutam humanidades, num explícito pedido de socorro da medicina à literatura, com a clara intenção de resgatar os ingredientes básicos de uma relação afetiva que precisa ser retomada nos seus fundamentos essenciais.

Lembro-me de uma noite em que espalhamos pela mesa central no saguão os livros considerados imprescindíveis, comprados em sebos da cidade. Assim, ao chegar, os estudantes se depararam com exemplares de *A montanha mágica, A morte de Ivan Ilitch, A doença como metáfora, A cidadela, Sinto muito* e *O alienista*.

Enquanto eles folheavam os livros, com aquele ar indecifrável que tem todo o estudante, perguntei ao Scliar: "Você acha que isto vai ajudar?", e ele respondeu com um sorriso debochado: "Bom, Camargo, nós fizemos a nossa parte. Agora é só esperar que Thomas Mann, Tolstói, Susan Sontag, Cronin, Lobo Antunes e o Machado façam a deles".

Nosso último encontro foi no Santos Dumont, no Rio, em novembro de 2010.

Ele aguardava um voo para Salvador e eu voltava para casa. Ao ver-me, interrompeu de imediato a conversa com um desconhecido, puxou-me pelo braço e disse: "Obrigado por me salvar. Esse chato estava já na décima piada de judeu, e eu desesperado que ele contasse ao menos uma que eu não conhecesse!". Ocorreu-me então o quanto seria divertido se ele proferisse uma conferência na Academia Nacional de Medicina sobre o humor judaico, um dos seus temas preferidos. Ele ficou entusiasmado com o convite e nos despedimos.

Só esquecemos de combinar que ele não morresse antes do fim daquele verão.

O tamanho que teremos

Todas as pessoas, em escalas variadas de ambição e força, procuram conquistar uma posição de significância aos olhos dos seus pares. Excluindo os invejosos, que esses nunca irão a lugar nenhum, e absolvidos os frouxos e desanimados congênitos, estaremos falando da maioria dos homens e mulheres deste mundo de inquietudes heterogêneas. É com esses personagens que construiremos a história contemporânea, onde estamos inseridos.

No fim da Primeira Guerra Mundial, havia no País de Gales um pequeno povoado que ficava ao lado de uma elevação de onde se podia ver todas as cercanias, casas, riachos e caminhos. Os habitantes do lugar se orgulhavam daquilo que chamavam a montanha da vila.

Um dia, dois cartógrafos passaram pelo lugarejo e após cuidadosas medições constataram que a elevação não passava de uma colina, pois o cume não chegava aos mil pés de altura necessários para ser classificado como montanha. A autoestima dos habitantes foi cruelmente abalada.

De orgulho machucado, organizaram-se e, durante muitos dias e noites, homens, mulheres, velhos e crianças carregaram toda a terra e pedras que podiam transportar e despejaram no topo da colina. A seguir conseguiram trazer os cartógrafos de volta e, após novas medições, a colina voltou a ser montanha.

Há alguns anos, aqui mais perto do pago, um velho estancieiro soube, no início de uma manhã, que um dos pais de cabanha mais valiosos tinha sido encontrado caído num poço profundo, de onde a retirada era virtualmente impossível.

Sentado na beira do poço, condoído com o sofrimento do fiel parceiro de tantas andanças, ordenou que o sacrificassem e partiu lacrimejando. Os empregados decidiram que era mais fácil soterrá-lo, mas se surpreenderam ao ver que às primeiras pás de terra o cavalo, num esforço enorme, se ergueu e, inconformado, relinchou. E assim, a cada nova remessa de pedregulhos, ele prontamente sapateava elevando-se do fundo do poço. Os peões, entusiasmados com a reação do velho gateado, aceleraram o processo e depois de algumas horas, com o espaço aterrado, o garanhão saiu caminhando do calabouço.

É certo que o grau de inconformismo com o tamanho que temos determinará o tamanho que teremos. De certa forma, tal como os habitantes daquele povoado, na nossa vida, estamos sempre carregando terras e pedras para fazer da nossa colina a montanha com que sonhamos.

E quando tudo parece determinado para que afundemos, encontramos forças que nem sabíamos ter para sacudir a poeira e emergir. Uns nasceram para ser grandes, outros se contentam em ser pequenos, mas no dia em que se encontrarem eles terão exatamente o mesmo tamanho, por isso não vale a pena se preocupar com as diferenças.

Aqueles que, correnteza acima, ainda conseguem vislumbrar, nesta luta cotidiana, a oportunidade de melhorar a vida dos mais fracos, se justificam. Os outros, apenas sobrevivem.

O ano novo vai começar. Decida em que time você pretende jogar. E não se estresse com ameaças de rebaixamento porque, como você deve ter aprendido, os grandes não só caem como quando se esparramam no chão fazem um barulho danado. Mas conforta saber que é sempre possível recomeçar.

Dos nossos pedaços

Um componente extremamente limitante no aprendizado do novo é o medo de errar, que pode ser disfarçado num debate coletivo, mas se revela inteiro na inquisição individual. Pergunte a um aluno qualquer coisa na frente da turma e ele, pressionado, por mais simples que seja a questão, só pensa em se livrar do fardo estressante através do caminho mais curto, o do não sei.

Quando o professor aceita a desistência sem insistir, está se omitindo de ensinar duas lições importantes: que aprendemos mais corrigindo erros do que colecionando acertos fortuitos e que a escola é o lugar onde errar causa menos danos.

Ensinar alguém é prepará-lo para as escolhas, que, certas ou erradas, marcarão o destino do indivíduo que se lança à vida, muitas vezes tendo como única arma o desejo de acertar.

Muitos estudantes de medicina fogem da alta complexidade, onde a margem de erro cresce exponencialmente pela instantaneidade da decisão e a chance de reparação é menor.

Só essa percepção já é suficiente para espantar a maioria dos alunos, que prefere se refugiar no trivial, que gratifica pouco, mas, em compensação, não assusta nem castiga ninguém.

Se a alta complexidade envolver alguma emergência, a ansiedade é ainda maior e muitas vezes eclode sem considerar que o pobre paciente pode estar desperto o suficiente para captar a dúvida médica, esta que é a mais massacrante das percepções de quem esteja ameaçado de morte.

O Rafael tinha ao redor de vinte anos, o cabelo comprido, a cara bonita e uns olhos enormes, provavelmente ampliados pela descoberta súbita de que a morte podia ser real, ainda que duas horas antes parecesse a coisa mais improvável do mundo. A última lembrança tinha sido a acelerada para aproveitar o sinal amarelo, a batida lateral que fizera o carro rodopiar e o volante que assumira vontade própria e começara a girar loucamente.

Depois não lembrava mais nada, até chegar nessa sala com luz em demasia e uma sensação de umidade nas costas, de onde a mão esquerda voltou vermelha. Como não sentia nada, fantasiou que o sangue devia ser de outra pessoa.

Percebendo que ele estava consciente, com o pânico na vitrine daqueles olhos enormes, apressei-me a explicar-lhe que esse estágio do atendimento era muito importante porque estávamos determinando as prioridades para que ele ficasse bem. Ele então me estendeu a palma ensanguentada e implorou: "Esta mão é a única parte do meu corpo que eu estou sentindo. Podes tomar conta dela, que é prioridade pra mim?".

É difícil cuidar dos pedaços de um corpo destroçado e simultaneamente se preocupar com o que o dono dele esteja pensando.

Mas quem disse que ser médico seria fácil?

O que é felicidade?

Tanta gente já se dispôs a definir felicidade que provavelmente só o amor teve mais debatedores entusiasmados. Curiosamente, as melhores definições partiram de pessoas circunstancialmente infelizes, a mostrar que, nesse aspecto, ela se equipara aos outros sentimentos, usualmente valorizados pela ausência.

A julgar pela constância da felicidade na infância, pode-se afirmar que a interatividade social não contribui para que aprendamos a desfrutar da vida com a intensidade recomendada nos manuais de autoajuda disponibilizados num mercado efervescente, composto por curiosos instrutores, que incluem empresários bem-sucedidos, escritores frustrados e motivadores que ensinaram como conquistar amigos e influenciar pessoas, e depois, com a receita pronta e aprovada, se suicidaram.

Convencidos de que não podemos seguir como crianças indefinidamente, começamos a piorar, e alguns não param mais. A blindagem do egocentrismo tende a nos tornar menos suscetíveis às expressões prosaicas da inocência, esta inocência que vai sendo dilapidada pela inevitável hipocrisia do convívio social, que nos força a reprimir o que sentimos, em prol do ritual falacioso do politicamente correto. Quando percebemos, de tão simpáticos, perdemos o encanto. E nos tornamos caricaturas amorfas do que poderíamos ter sido.

Outras vezes, gastamos a vida no obstinado esforço de enriquecer, atribuindo toda a desventura à falta do dinheiro, mesmo com a advertência um tanto hipócrita de que dinheiro não traz felicidade. A propósito, um cínico, amigo meu, concorda que essa afirmativa é verdadeira, mas adverte que o problema é que as coisas que trazem estão cada vez mais caras!

Sabemos todos que, independente do que façamos ou acreditemos, só temos dois caminhos para a felicidade: o amor e o trabalho.

Provavelmente o maior desafio para a felicidade é o quanto essas duas trilhas se cruzam, interagem, se somam, se apoiam ou, desgraçadamente, tantas vezes, se opõem ou se anulam.

A dependência de uma em relação à outra é crítica para qualquer projeto elementar de felicidade. É sabido que quem trabalha mal não consegue evitar que o ranço da incompetência seja levado para a relação amorosa, comprometendo-a. Assim, os infelizes que não gostam do que fazem estarão duplamente penalizados: pelo desprazer do trabalho sem paixão e pela incapacidade de serem amados, visto que ninguém ama um incompetente. Pelo menos não por muito tempo. Mesmo os amores mais sólidos não resistem à monotonia do convívio com quem se contenta apenas com a sobrevivência.

Por isso, quem quiser ser respeitado com os netos no colo esqueça as desculpas e arranje uma vida que resulte, ao menos, em boas histórias pra contar.

Os simplificadores costumam atribuir aos baixos salários todo o problema do desempenho medíocre, mas é um equívoco ignorar que não há estímulo econômico que coloque encanto no que se faça sem prazer. O mau humor de alguns profissionais bem remunerados e a comovente entrega afetiva de operários que mal ganham para a sobrevivência são a prova de que nos alimentamos também de uma energia maior, que nos impulsiona e gratifica. E que, sem ela, nos transformamos em meros colecionadores de ressentimentos. Sendo assim, um ingrediente indispensável para nosso crescimento é a valorização profissional, como bem sabem os melhores gestores, que há muito descobriram a diferença que faz trabalhar com pessoas que se sintam importantes e reconhecidas. A falta desse estímulo haverá de explicar, pelo menos em parte, a diferença de entusiasmo entre trabalhadores privados e públicos.

Na construção de um modelo básico de felicidade não pode faltar a âncora familiar que garanta a reciprocidade de afeto e a certeza de um porto seguro para proteger-nos das tempestades que não podemos evitar e tantas vezes nos encontram distraídos.

Um famoso estudo americano coordenado pela Universidade de Harvard, acompanhando 750 indivíduos de diferentes classes sociais ao longo de 75 anos, demonstrou de maneira definitiva a importância de relações sociais múltiplas. Quando revisaram, depois de décadas, os prontuários de octogenários saudáveis e contentes, ficou evidente que o fator preditivo de longevidade feliz não era o valor médio do colesterol ou da pressão arterial que eles exibiam aos cinquenta anos, mas a intensidade e a quantidade de relações sociais sólidas e bem-humoradas. E que para os indivíduos solitários o envelhecimento mental chegava mais cedo, eles adoeciam mais e, quando isso acontecia, se tornavam mais queixosos e mais amargos, privados da parceria solidária dos amigos. Ficou também evidente a importância da qualidade das relações. É possível sentir-se só no meio de uma multidão ou no casamento. Relações sociais conflituosas são péssimas para a saúde, e um divórcio é certamente menos danoso do que um matrimônio sem afeto. No elenco de prioridades para a elaboração do modelo elementar de felicidade também constam a garantia do emprego, a remuneração mínima para uma vida digna e segurança para si e para os seus, posto que o medo elimina todas essas conquistas.

O indivíduo agraciado com essas benesses terá ainda a oportunidade de usufruir de um bônus, lamentavelmente indisponível para muitos, que é o deleite da arte. Poder exultar com uma música, uma escultura, um poema, um filme, uma peça de teatro ou uma pintura é a sublimação da raça e a razão maior para que todo artista seja infinitamente reverenciado.

Como se vê, a trilha para a felicidade é sinuosa, imprevisível, às vezes cruel e sempre inconstante. Aproveitar cada momento mesmo que pareça apenas um fragmento, sem esperar que a danada fique pronta e se torne permanente, sem dúvida, é a melhor recomendação de quem tampouco conhece a fórmula encantada, mas envelheceu sem desistir de tentar e tantas vezes lhe pareceu que fosse, que provavelmente era ela mesma, disfarçada de casualidade.

A heterogeneidade das pessoas em suas vicissitudes, ambições e fantasias determina que nos assemelhemos apenas na intenção inicial de sermos felizes. Dada a largada dessa corrida sem revezamentos, será tudo por nossa conta e risco, sendo cada um promotor e juiz de si mesmo.

Depois que tudo terminar, não importa o quanto estejamos cansados ou surpresos, o quanto acreditemos ou temamos, é provável que ao menos no coração dos que nos conheceram sejamos julgados. E teremos que prestar contas do que fizemos das muitas primaveras que nos foram entregues a fundo perdido.

E nessa hora, podes crer, parecerás apenas ridículo se tentares justificar uma vida desperdiçada.

Poesia ameaçada

Um umbral muito emblemático da senilidade é a autoexclusão do seu tempo, a que se impõe o velho ao repetir enfadonhamente o quanto, na sua época, as coisas eram diferentes. E eram, mas ele não diz isso só para realçar as mudanças. Ele quer mesmo é dizer que eram muito melhores. Mas é difícil argumentar que todas as conquistas tecnológicas da modernidade tenham tornado a vida pior, se temos muito mais conforto e vivemos mais.

Entretanto, também é verdade que perdemos coisas que nos deixam inconsoláveis e precisamos aparar muitas arestas para que aqueles avanços se justifiquem. Por exemplo, não podemos permitir, sem reação, que a disponibilidade desta avalanche de informações sem qualificação ou triagem nos torne superficiais. Quando a proposta de modificação dos conteúdos de ensino médio determina que história e filosofia não sejam mais matérias obrigatórias, estamos comprando ingresso para os festivais de ignorância graduada. A primeira evidência dessa pulverização cultural é a dificuldade de conversação, atribuível a uma trágica aliança de pobreza de conteúdo com escassez de vocabulário. Na verdade, como bem definiu o biólogo

Edward Wilson, nós estamos cada vez mais afogados de informações e sedentos de sabedoria. E isso implicará sempre a morte da literatura, a cremação da poesia e a consagração da vacuidade mental dos diálogos nas redes sociais.

A prática do magistério ao longo de anos, com turmas que se renovam a cada semestre, conservando como elemento constante apenas a idade média de cada turma, é um excelente exercício de atualização do comportamento da nossa juventude ao longo das décadas.

Como nós e eles fomos mudando, e podemos nem perceber o quanto mudamos porque fomos junto com a mudança, nada mais adequado do que registrarmos periodicamente o que pensávamos dos alunos e o que supúnhamos que eles pensavam a nosso respeito. Um rescaldo anual da nossa aventura acadêmica.

Reler esses registros pode ser traumático e chocante. Um dia desses, revi um relatório mais longo. Era dezembro de 89, e tinha sido um ano para arquivar como especial. A terceira turma daquele ano era tão emotiva que, numa espécie de sarau de final de ano, ao ler trechos de Ferreira Gullar, um casal de estudantes enamorados não conseguia completar, sem pausa, a leitura da "Cantiga para não morrer" e soluçavam da mais pura emoção. Passados 27 anos, dolorido com a morte do poeta e impressionado com a declaração dele de que não mais compunha há dez anos porque perdera a capacidade de se espantar, resolvi testar o significado dessa perda com a turma do smartphone, do conhecimento instantâneo e do kkkkkk no Facebook. No final da aula, perguntei: "Quem já leu alguma coisa do nosso grande Ferreira Gullar, recentemente falecido?".

Houve um silêncio pesado, que diagnostiquei imediatamente como: ninguém vai falar. Não espontaneamente. Então resolvi inquirir diretamente e escolhi a vítima pela frequência com que ela consultara o celular durante a aula. A resposta veio com aquele ar de surpresa que inspirava o Rolando Lero, da Escolinha do Professor Raimundo, lembram? "Amado Mestre, não me conte que ele morreu!?" E todos riram.

Eu, que ainda me espanto muito, e sempre fui dependente da poesia, não achei graça nenhuma e, encolhido de tristeza, senti pena dos que nem ao menos souberam que ele existiu. Ver aquele bando de jovens divorciados de um dos mais belos instrumentos da sensibilidade e da beleza me fez pensar que a espécie está em extinção. E com merecimento.

Por trás de uma voz

A facilidade de comunicação entre desconhecidos permite que nos tornemos amigos quase íntimos de indivíduos que nunca vimos pessoalmente. E algumas dessas relações virtuais, muito dependentes da sonoridade da voz, têm graus permanentes de empatia e afeto. Outras vozes, por alguma estranha razão agrupadas em vários serviços de telemarketing, têm uma entonação tão desagradável que desencadeiam uma reação de repulsa instantânea que pode, nas formas mais graves, se acompanhar de urticárias, crises de asma e, em casos extremos, exacerbações de psoríase.

Foi pela voz que comecei a gostar do Jair, de quem nunca soube o sobrenome e nem precisava, porque "eu sou o Jair" era uma espécie de grife como recepcionista, secretário e telefonista da Engex, uma grande e competente construtora, que há trinta anos aceitou começar o projeto da minha casa própria.

A voz forte e inconfundível trazia sempre a certeza serena de que tudo ia se ajitar. Essa serenidade, e isso aprendi com ele, criava rapidamente uma blindagem à grosseria se alguma coisa saíra errado, porque logo se aprende que cordialidade gera cordialidade e havia naquela voz uma gentileza inata, dessas que não se treina nem se ensina, infelizmente.

Durante os anos que se seguiram, foram incontáveis telefonemas, para pagamentos, dúvidas, pedidos e queixas, sempre elas, porque a vida nunca é fácil pra ninguém e não iríamos inaugurar uma planície justamente naquela fase da vida de planos mirabolantes e orçamentos em conflito.

Três anos depois, quando nos mudamos para a casa nova, os telefonemas ficaram mais escassos, mas nunca cessaram, porque quem tem casa tem problemas. O que nunca mudou foi a gentileza do Jair e aquele "O que podemos fazer pra lhe ajudar, meu doutor?", sempre seguido do "É pra já que vamos resolver!", quase dava vontade de torcer por algum vazamento ou curto-circuito que preservasse a proximidade.

No início de novembro, entrou no consultório um mulato alto, ofegante, tossindo muito, extremamente emagrecido. Sentou-se e tomou um tempo para se recompor.

Quando foi a minha vez de perguntar: "O que posso fazer pra lhe ajudar?", veio o impacto da voz inconfundível: "Eu sou o Jair, da Engex".

Não sei ainda o que mais me marcou daquela consulta: a péssima condição clínica do Jair, vítima de um tumor muito agressivo de pulmão, ou a descoberta de que acabáramos de completar trinta anos de uma relação de afeto recíproco, sem que ela, ao menos, tivesse se materializado num mísero aperto de mãos.

O abraço demorado da despedida não serviu para amenizar a minha enorme frustração de, diante de um câncer terminal, não ter nada para mudar o rumo. Havia uma grande tristeza no olhar, provavelmente à espera de que eu pudesse retribuir o seu tradicional "É para já que vamos resolver". Uma promessa impossível, por falsa que parecesse, se justificaria, mas eu fiquei calado.

Agora que ele morreu, restou a sensação de dívida pendente, que podia ter sido minimizada com uma frase, qualquer frase que fosse mais generosa do que a verdade cruel encravada no silêncio.

Por motivo de força maior

Como quase todo mundo, eu odeio dar notícia ruim. E naquele momento nada machucaria tanto quanto a verdade completa. Os exames que trazia revelavam mais um encaminhamento tardio de uma doença cuja evolução se conta em anos e que lamentavelmente, por falta de cultura médica, segue sendo encaminhada para o transplante somente na reta final de uma longa via-crúcis.

Como se pode supor, não se faz transplante preventivo, mas cada uma das várias doenças pulmonares que têm transplante no horizonte segue protocolos de inclusão em lista de espera a partir do momento em que o risco de morte pela enfermidade de base é maior do que o risco do próprio transplante. A experiência permitiu estabelecer quanto tempo em média sobreviverá um paciente a partir de determinada reserva funcional detectada pelos métodos específicos. Pois esses parâmetros, no Bernardo, eram péssimos, com um enfisema severo e uma capacidade respiratória abaixo de 15% do previsto. A única coisa que animava era o brilho do olho. Intenso, estimulante, transbordando de vontade de seguir por aqui. E só.

Nas primeiras entrevistas não ficou clara a motivação, afinal nunca tivera um emprego que revelasse paixão por fazer alguma coisa especial, e a família, que só foi recrutada pela insistência da assistente social, comentava a situação com ar de enfaro. A avaliação multidisciplinar concluiu tratar-se de um solitário, pobre, sem ambições aparentes, trazido por uma sobrinha que conhecia um transplantado de pulmão de quem ouvira maravilhas. Quando começou o programa de fisioterapia com vistas à reabilitação pulmonar, sua aderência ao tratamento proposto era uma incógnita. A péssima condição basal, o atraso no encaminhamento, a longa lista de espera, a falta de ritmo nas doações, a dependência de doses crescentes de oxigênio, o emagrecimento difícil de manejar e as madrugadas arfando nas janelas da enfermaria o colocavam como grande candidato a compor a triste cifra de 30% de pacientes que ainda morrem esperando um órgão que nunca chega, porque alguma família que podia ter doado nunca pensara no assunto e nem tinha ideia que ele existisse.

Toda a crise que o levava para a UTI tinha cara de última, mas ele sempre dava um jeito de se safar. Um dia o encontrei saindo da terapia intensiva e, antes que lhe dissesse qualquer coisa, ele levantou o polegar e anunciou orgulhoso: "Ainda não foi desta vez!".

Passados quase dois anos e meio, contrariando todos os critérios de previsão de expectativa de vida, o Bernardo continuava vivo e entrou no Centro de Transplantes, ofegando mas sorridente, numa madrugada fria do último inverno da virada do século.

Dias depois, na visita da manhã, parecia bem feliz. De barba feita e respiração serena, deixava que a atendente lhe penteasse a cabeleira grisalha. Quando eu quis saber como se sentia sendo paparicado por uma mulher bonita, ele avisou: "Uma pena que já estou comprometido".

No dia da alta, quis saber de onde tirara a energia que lhe permitira quebrar todos os recordes de sobrevivência, e ele resumiu: "Ninguém sabe ainda, doutor, mas a Ana Maria me prometeu que, enquanto eu vivesse, ela esperaria por mim".

As decisões que tomamos

Como toda decisão envolve algum grau de responsabilidade, há níveis variados de sofrimento atrelados a todos os processos decisórios. A decisão colegiada ou, mais modernamente, o gerenciamento horizontal são eufemismos que inventamos para dissimular o medo que sentimos de fazer opções equivocadas. Essas dificuldades estão presentes em todas as atividades, privadas ou públicas, pessoais ou comunitárias. Não por acaso o gerenciamento do poder, colocado no colo de quem foi um crítico feroz durante décadas, expõe fragilidades e limitações constrangedoras. E por uma razão muito simples: quem nunca decidiu não tem a menor ideia do peso que envolve iniciativas que podem eventualmente prejudicar pessoas. O contato visceral com essas necessidades impôs a criação de alternativas que, com nomes mais elegantes como grupo de trabalho, equipe de apoio ou gestão colegiada, pretendem apenas disfarçar a tomada de decisões. A experiência revela que muitas das questões tratadas assim, com responsabilidades fracionadas, se resolveriam espontaneamente, se ninguém atrapalhasse.

Na vida privada é onde primeiro se aprende que as decisões mais importantes, sofridas e definitivas são obrigatoriamente solitárias. Todos os relatos autobiográficos dão conta do quanto foi desgastante, e às vezes traumático, decidir coisas como: que profissão escolher, onde morar, em que investir ou a quem entregar nosso coração. Quando avaliamos o quanto cada uma dessas decisões impactou no nosso destino, acabamos por concluir que a aparente tranquilidade que exibimos à época era pura irresponsabilidade. Depois, pela vida afora, somos, a cada tanto, pressionados a decidir caminhos a tomar e, em cada escolha, o mais correto era sistematicamente o mais difícil. E, assim, abandonar o emprego que não nos dá satisfação ainda que todo mundo considere a posição invejável, renunciar a amizades que murcharam na hora decisiva ou optar por morrer quando o tratamento envolver sofrimento sem remissão exigem uma coragem cuja demanda cresce com a sensação de que, nessas horas, estamos irremediavelmente sozinhos. E, quando se pode prever que o objeto da nossa decisão cruza com um risco de morte, todos os medos são multiplicados.

Quando adoecemos, e pela primeira vez temos consciência da nossa lamentável finitude, assumimos comportamentos extremados, que oscilam entre o estoico, pronto para o que tiver que ser feito, como se estivesse desde sempre à espera desse momento, até o frágil, que se encolhe e chora, no mais comovente pedido explícito de socorro. Nessa condição, é comum que aflore uma religiosidade insuspeitada que Millôr, com sua genialidade, definiu assim: "Você é ateu? É? E já esteve doente? Sim? E continuou ateu? Sim? Então VOCÊ É ATEU".

O Abelardo é um gigante de quase dois metros de altura, filho de imigrantes italianos, que agendou uma consulta com a intenção de uma segunda opinião e, ao ouvir que devia ser operado porque a lesão que tinham descrito no pulmão esquerdo era um tumor curável e não apenas uma "mancha" inofensiva, empalideceu, remexeu-se na cadeira, pediu um tempo para pensar e saiu. Achei que ia em busca de uma terceira opinião, mas não. À tarde do mesmo dia, voltou e disse que estava "pronto para a operaçon"!

Então lhe perguntei onde tinha ido, ao sair tão apressado, e ele confessou: "Fui dar uma rezadinha".

Como se vê, aos fiéis, a preparação para uma condição arriscada conta com recursos que o incrédulo sequer imagina.

Insanidade amparada na lei

Nós BRASILEIROS HERDAMOS a tradição portuguesa da autocrítica exagerada e depreciativa, como se denegrir o meio em que vivemos justificasse nossas deficiências e precariedades. Escolha um tipo qualquer de atividade profissional e se formará imediatamente uma fila de detratores da brasilidade, responsável por esse complexo de vira-latas que nos impusemos sem pressão externa.

Participei de um debate entre colegas que pretendia identificar, baseado em experiências vividas ou confidenciadas, onde era mais complicado ser médico neste século de transformações galopantes em que tudo muda antes que nos habituemos com a nova realidade.

A origem da discussão é a tomada de consciência de que a figura do médico tradicional está ameaçada em muitos lugares, e extinta em outros. E a metamorfose tem como agravante a celeridade que leva de roldão conceitos seculares e frustra expectativas consideradas inabaláveis.

Tendo como ponto comum apenas o reconhecimento de que tudo mudou, mal conseguimos acreditar quando relatam mudanças em outros países em que se praticava uma medicina que costumávamos copiar com admiração, e agora assistimos perplexos a uma realidade que não invejamos mais.

Há trinta anos a medicina dos Estados Unidos era consensualmente festejada, e o que faziam ou recomendavam servia de referência e modelo aos mais exigentes manuais de conduta técnica e ética, copiados e difundidos com religiosidade pelos médicos jovens egressos da escola americana. Quando a judicialização inundou a prática médica ianque, a transferência daqueles aforismos anglo-saxões para a nossa população latina revelou-se francamente agressiva e cruel.

O compartilhamento com o paciente de todas as decisões, ingenuamente interpretado como um avanço respeitoso na conquista da soberania plena do indivíduo, nada mais era do que uma atitude defensiva do médico pressionado pelos advogados do seguro profissional a evitar o protagonismo e com isso reduzir o risco de serem processados. Ou, em outras palavras: omitindo-se de ser médico, é menos provável ser demandado, porque afinal ele não foi.

O desfecho é inestimável. Depois do previsível enrijecimento da relação médico-paciente, a indústria da judicialização não para de crescer, agravada por sentenças ensandecidas: recentemente um juiz deu ganho de causa a um paciente que acionou seu cirurgião que removeu um tumor de bexiga encontrado fortuitamente durante uma operação para tratar de um cálculo encravado no ureter. O paciente processou o médico porque gostaria de ter sido consultado sobre a retirada do tumor, que afinal era o proprietário dele e, portanto, com direito a dar-lhe o destino que lhe aprouvesse. Ao incauto doutor, afeito a resolver problemas, e agora impossibilitado de devolver-lhe o tumor, só lhe restava ressarcir o paciente por danos morais, visto que o pobre infeliz perdera, por pura precipitação médica, um câncer, pelo qual nutria grande afeto e estima.

Cada vez mais se dará razão a Einstein quando declarou que "duas coisas são infinitas: o universo e a estupidez humana. Mas, em relação ao universo, ainda não tenho certeza absoluta...!".

Prevenção: a sutileza do discurso

Desde que aprendemos que o melhor tratamento da doença é a sua prevenção, estamos sendo coerentes em divulgar as práticas que, com fundamento científico, se mostraram efetivas. De qualquer maneira, toda informação séria, sabidamente útil, ainda precisará ser direcionada ao público-alvo com sensibilidade e sutileza.

É completamente previsível que a mesma recomendação acatada com ávido interesse pela população de meia-idade será desdenhada pelos jovens que estão vivendo a maravilhosa fase da vida em que predomina a certeza da imortalidade.

Por isso não perca tempo e trate de fugir do ridículo de ameaçar com doenças degenerativas adolescentes embalados pela fantasia de que tudo o que não tem chance de ocorrer na próxima semana não tem a menor importância. E não há como decodificar para o entendimento deles essas mensagens assustadoras que falam de doenças que, no máximo, evocarão a lembrança dos avós, já bem velhinhos e, portanto, vítimas daquela idade que pra eles nunca chegará. Aprendi essa lição ao ser convidado para falar dos malefícios do fumo para uma turma de adolescentes de uma escola da classe média alta. Meu projeto didático era o de causar impacto, porque estava influenciado pelas campanhas publicitárias do Ministério da Saúde, que decidira colocar nas carteiras de cigarro as fotos mais horripilantes das patologias provocadas pelo tabagismo. Eu devia ter interpretado melhor uma história que me contara um paciente, irreverente e debochado, da sua estratégia para seguir fumando sem sentimento de culpa: sempre selecionava a carteira da sua marca preferida pela advertência. Aos 55 anos, fumante desde os doze, só comprava cigarros com o rótulo mais inofensivo para si: "Fumar faz mal para o desenvolvimento do feto".

Ao ser indagado na conferência quanto tempo de fumo era necessário para colocar uma pessoa na condição de candidato de risco, e eu respondi, honestamente, que pelo menos vinte anos, percebi que as ilustrações de tumores gigantes e enormes bolhas de enfisema não causariam mais do que a sensação de enfaro numa plateia que se sentia separada da ameaça pela proteção de uma eternidade. As coisas começaram a mudar quando trouxe o problema para mais próximo, descrevendo os mecanismos de envelhecimento precoce da pele, acelerando o surgimento de rugas e celulite, e então, pela primeira vez, ganhei a atenção das meninas. Mas os garotos continuavam debochados, e os risinhos só cessaram quando impiedosamente descrevi o efeito danoso da nicotina sobre a intensidade e o tempo da ereção. Atingindo o território sagrado de ambos os sexos, a conferência finalmente começou, depois de um tempo perdido com informações ingênuas e inócuas. E então caiu no meu colo um presente inesperado: um jovem saradão e com uma cara bonita e uma namorada linda que lhe beijava a orelha com frequência, sentado na primeira fila, resolveu fazer uma pergunta provocativa: "E você, cara, nunca fumou?". A resposta foi a minha redenção: "Olha, meu filho, quando eu tinha a sua idade, arranjei uma namorada que era quase tão bonita quanto a sua (era de se ver o deslumbramento da moça com o comentário!). Naquela época, eu não sabia onde pôr as mãos, e comecei a fumar. Assim que descobri o que fazer com elas, parei de fumar". A julgar pelas risadas, ele não devia ser o mais querido da turma, e isso talvez tenha contribuído para a quebra do gelo, que instantaneamente instalou a promissora condição de parceiros confidentes. Foi a sensação que tive nos quarenta minutos de perguntas que se seguiram. É mais fácil tirar dúvidas com quem se pareça com a gente.

Voltar para casa

A perspectiva da cura envolve tantos sentimentos bons que é impossível quantificá-los, muito menos contê-los. As imagens da felicidade muitas vezes se prendem em coisas tão singelas que podem parecer insignificantes aos que não estão emocionalmente envolvidos. Foi assim quando entrei no quarto e encontrei a Eliana sorrindo sozinha, com o olhar vagueando na direção de uma TV com chuvisco. Quando quis saber do que ria, ela simplesmente disse: "Amanhã vou dormir na minha cama!". Não que a cama do hospital fosse necessariamente pior do que a sua, mas, mesmo que em casa ocupasse o mais modesto dos catres, ainda teria o poder mágico de representar o retorno ao seu território, onde o comando da vida seria retomado. E essa euforia, estereotipada pela presença das malas no meio do quarto, se repete em cada alta hospitalar, com graus variados de emoção, proporcionais ao tamanho do temor de que nunca acontecesse.

Quando a terapia foi um sucesso, e as perspectivas futuras forem otimistas, esse encantamento é previsível. Mas e quando a alta para casa significa apenas uma batida em retirada depois da trágica percepção de que o hospital não tem mais nada para oferecer e apenas manteria o paciente distante do seu habitat, onde guarda as coisas pelas quais batalhou e aprendeu a amar como adereços do seu mundo?

Mesmo que nesse caso o retorno ao lar traga a marca dolorosa da desistência, ainda há uma indisfarçável emoção que se revela no abraço agradecido às enfermeiras e atendentes, essas parceiras solidárias nas grandes dores e nas pequenas confidências.

E por quê? Porque a casa da gente é o nosso último refúgio, onde guardamos as reservas finais de esperança e buscamos, contra todas as expectativas, as forças derradeiras que nos permitirão preservar a dignidade e, talvez, morrer sem chorar.

Muitas famílias ansiosas com a proximidade da morte pressionam os médicos a levarem seus familiares moribundos para o hospital e questionam se não seria mais seguro colocá-los na UTI. Difícil convencê-los de que esse é um lugar para se lutar pela vida com todas as forças, mas jamais de aguardar a chegada da morte, excluídos que estariam do carinho daqueles que de fato sofrerão a sua perda.

A Zu esteve internada durante quase quatro meses e, nesse tempo de luta incansável contra um câncer de fígado, conquistou a todos com sua fibra e resiliência. Nenhuma queixa, mesmo quando ficou evidente que estava perdendo a batalha final. Foi tanta a emoção da despedida ao anunciar que queria ir para casa que todo o pessoal do andar desceu para acompanhá-la até a porta do hospital. Quando os que não conseguiam reprimir o choro foram ficando para trás, ela conclamou: "Pessoal, juntos aqui para uma foto de todo o grupo. Não é todo dia que se despede do hospital alguém tão agradecido com o carinho de vocês. E podem parar de chorar porque eu não vou desistir e qualquer dia a gente se vê por aí!".

 O insulfilm não permitia ver o interior do carro, mas quando ela encostou o rosto no vidro deu pra perceber que ela guardara todo o choro para depois da despedida.

Em busca da última trincheira

TODO PACIENTE INTUI A SUA REAL CONDIÇÃO, ainda que possa se fazer de desorientado, na expectativa compreensível de que a negação, quem sabe, mude a realidade. Até porque é tudo o que se pode esperar quando a realidade é ruim.

Inteligente e sensível como era, o Felipe merecia ser poupado do verdadeiro francocínio do oncologista, numa dessas condutas absurdas cada vez mais adotadas por alguns médicos que, desprovidos de qualquer compaixão, usam sadicamente a informação privilegiada para, numa visão obtusa, dar ao paciente a chance de se "preparar" para o que virá.

Como em sofrimento não existe preparação possível, esse exercício gratuito de crueldade, com a antecipação da tragédia, significou apenas sofrer antes e mais.

Centro emocional da família, não se permitiu fraquejar, e assumiu várias vezes atitudes tão otimistas que lá pelas tantas se instalou um clima de negação generalizada e todos passaram a viver cada dia como se o amanhã não fizesse a menor diferença. Como se o sofrimento que sabiam que viria só tivesse significado quando viesse.

Foram meses de convívio intenso, até que o tumor que não fora incluído no pacto resolveu manifestar-se. A compra de uma cama hospitalar e a contratação de uma auxiliar de enfermagem garantiram a infraestrutura mínima para enfrentar a tempestade que se aproximava.

Três semanas depois, apoiada pelo médico, a família insone e exausta decidiu que tinha chegado a hora de interná-lo. Acordou cedo naquele dia. Cada gesto tinha a morosidade e a atenção das coisas últimas. Comunicado pelo filho médico de que as bagagens já estavam no carro, pediu um tempo extra para dar mais uma circulada pela casa. Tentando não arrastar os pés, entrou no carro e iniciaram um dos traslados mais deprimentes que se possa imaginar. O silêncio absoluto era a maior testemunha da tristeza. Quando o filho acelerou para aproveitar o sinal, ele pediu que fosse mais devagar porque queria dar mais uma olhada na cidade. Cinquenta metros antes da entrada do hospital, ele pediu que desse uma volta na quadra, afinal não era comum um céu assim, tão azul. E então, de quadra em quadra, foram se afastando, até que anunciou: "Meu filho, vocês médicos pensam o hospital como uma trincheira, porque é lá que vocês salvam as pessoas. Mas agora me ocorreu que, como não posso mais ser salvo, não tenho nada a fazer lá. Quero ir pra casa, onde estão as coisas que escolhi comprar e amei a vida inteira. Por favor, me devolva à minha trincheira, porque eu vou precisar muito dela".

O jardineiro e a cozinheira foram os primeiros a cercar o carro na entrada do pátio, depois vieram os outros e houve um abraço coletivo, demorado e sacudido. Ele estava, outra vez, em casa. Com tudo nos seus devidos lugares, o Isidoro voltou a regar as flores e a Zilda entrou para preparar o almoço. Ninguém se animou a comentar nada. O patrão tinha feito a coisa certa.

Amizade aquecida no mesmo berço

A ARGUMENTAÇÃO MAIS ÓBVIA diria que os irmãos a vida nos dá, enquanto os amigos nós nos damos. Claro que nada impede que essas figuras se fundam e, somadas, se multipliquem em afeto, carinho e disponibilidade. Certamente a amizade que se sustenta em laços de sangue produzirá o parceiro mais confiável e definitivo.

Todos precisamos de amigos assim, incondicionais, que se correspondam em todas as situações, especialmente naquelas que distinguem os autênticos, capazes de celebrar solidários "aconteça o que acontecer de bom nas nossas vidas".

A doença estreita laços e cobra atitudes às vezes dramáticas de quem se considera amigo de alguém. Uma das situações mais extremadas é a doação de órgãos para transplante intervivos.

Com a legislação brasileira restringindo esse tipo de doação aos parentes, sem dúvida, essa exigência dá uma sacudida dramática no núcleo de uma família. Excluídos pai e mãe, que têm uma tendência natural de fazer qualquer coisa para salvar as crias e nos passam a mensagem explícita de que não há limites para isso, restam os outros parentes, a começar pelos irmãos. E então as reações são proporcionais às discrepâncias entre filhos da mesma família, criados da mesma maneira, e com atitudes que tantas vezes os tornam irreconhecíveis. Uns querem tanto doar que preferem ser avaliados logo para que os outros sejam dispensados, enquanto outros mal conseguem disfarçar o alívio quando alguma incompatibilidade imunológica é descoberta.

Como a doação não pode violar o direito que cada um tem de se negar, nem permitir qualquer tipo de constrangimento, psiquiatras e psicólogos se desdobram na busca dos indícios de inconformismo quando isso não é claramente assumido pelo potencial doador.

Essa tarefa é complicada porque todo o doador terá que conviver com o medo do desconhecido, agravado pela noção de que doar uma parte de si envolve uma agressão cirúrgica que, por mais que esteja cercada de carinho, generosidade e boa intenção, não deixa de ser uma agressão. E todos que têm experiência sabem do quanto esse medo é rotineiro, a ponto de desconfiarem dos destemidos.

O Alexandre, irmão mais velho, foi apresentado pela família como uma alternativa à impossibilidade do pai de doar um lobo pulmonar para substituir o pulmão direito destruído da Duda, a caçula muito amada. A mãe se encarregaria do lado esquerdo. Um homem pequeno e tranquilo, o Alexandre nunca negou o medo que sentia, sem jamais cogitar de desistir. Quando lhe perguntei se estava consciente do tamanho do gesto, ele resumiu: "Depois que soube que esta parte do meu pulmão poderia salvar a Duda, parei de pensar neste pedaço como meu, pois já pensou no peso que eu teria que suportar se a Duda morresse porque eu não doei? E nem estou falando de peso na consciência. Eu não suportaria este lobo, que nem preciso para viver, pesando uma tonelada dentro do meu peito".

Comovente vê-lo alisando no tórax da Duda o lado que lhe correspondia.

Reconciliação, uma palavra de ordem

É DA NATUREZA HUMANA A REVANCHE. A retribuição do mal desde os tempos mais primitivos sempre foi a justificativa para a barbárie, não importando que o círculo vicioso da retaliação alimentasse a fogueira do ódio na busca perene de como magoar mais, e mais dolorosamente.

Era de se esperar que aquele comportamento selvagem, que utilizava a necessidade de sobrevivência como razão e atenuante, fosse sendo superado com as exigências de humanismo impostas pelo convívio social, decorrente do aumento exponencial da população e da consequente maior proximidade dos inquilinos.

Vários fatores contribuíram para que essa projeção fracassasse, incluindo desigualdade de oportunidades, heterogeneidade de inteligências e ambições, preconceitos, maniqueísmos, frustrações pessoais e, com grande parcela de culpa, a impunidade.

Difícil determinar em que ponto do desenvolvimento humano a curva comportamental começou a desviar desenfreadamente em direção ao mal, para a perplexidade dos mais ou menos civilizados.

Lembro bem que quando se começou a discutir a possibilidade de clonagem humana, um temor sempre referido era a perspectiva de se produzir artificialmente o soldado sem medo, esse ingrediente que, se não elimina a iniciativa mais desbaratada, pelo menos coloca algum freio na insanidade. Nem imaginávamos o quanto estávamos longe da verdade. Os movimentos radicais trouxeram ao mundo moderno uma nova visão: a da glorificação da própria morte desde que essa autoflagelação significasse a eliminação de um grande número de inimigos.

Mas a maldade macro, essa que choca o mundo nos atentados internacionais, está também imbricada no cotidiano dos indivíduos mais simples, e por razões sempre menores e pífias. É assim com as pessoas frustradas com o que são e que se tornam intolerantes com os bem-sucedidos e se supõem amenizadas na sua amargura se conseguirem destilar seu rancor, não interessando o quanto a iniciativa mesquinha exponha da sua própria vilania.

Um passeio pelas redes sociais permite a constatação de que pessoas teoricamente aculturadas são capazes das maiores baixarias se isso lhes der a mais tênue sensação de supremacia sobre os argumentos do seu desafeto. Parecem ignorar que depois de um tempo o agressor costuma se sentir pior que o agredido.

Agora que todo o mundo está convencido do quanto conseguimos nos superar em maldade, e do quanto os modelos atrozes do passado têm sido ridicularizados por uma crescente e insuspeitada capacidade de agredir, há um chamamento candente à reconciliação: não é mais possível seguir nessa escalada. E se não houver nenhuma justificativa mais altruísta, que seja em nome da nossa autopreservação.

Porque será o caos se, de tacape em punho, decidirmos vingar todos os desconfortos do convívio social.

Se não for pedir muito, agradeça

O CONCEITO DE NORMAL foi ficando tão impreciso que até o elogio se sente ameaçado. Um dia desses, numa chamada de apresentação para uma conferência, fui citado como um profissional que além de reconhecidamente competente é um *ser humano*. Mesmo para quem nunca tenha tido uma crise de identidade, é fácil imaginar o alívio que se seguiu a essa revelação surpreendente e extemporânea.

Essa introdução é para anunciar que vou falar de sentimentos de pessoas chamadas normais, essas que se parecem muito com as outras, ou seja, as que não se metem a bestas, as comuns. Como nós.

Por muito conviver comigo mesmo e com essas pessoas, aprendi que depois de uma boa ação não há nada de errado em se esperar um reconhecimento, ou pelo menos um gesto que possa sugeri-lo. E já vou antecipando que não conheço nenhum profissional mais afeto a isso do que o médico, que desde muito cedo percebe que a sua tarefa cotidiana é, essencialmente, um exercício de sedução e conquista, sempre na expectativa de que, no fim, a gratidão nos compense e nos redima.

E porque dependemos dessa retribuição para nos sentirmos vivos e justificados é que ficamos tão desavorados quando o desafeto e a injúria nos jogam na contramão do carinho pretendido ou fantasiado. Perguntem a um médico que já passou por essa experiência horrorosa o que foi o pior de ter sido acionado judicialmente. A possibilidade do prejuízo econômico?

Claro que não. Nada agride mais um médico carente do que o desapreço do ex-paciente expresso naqueles termos afetados do linguajar forense. Mas, fora dessa situação extrema, é comum que o médico, animado com o produto do seu trabalho, considere, se não obrigatório, pelo menos previsível o agradecimento do paciente.

O Carlos Telles, além de generoso, é um excelente neurocirurgião, altamente qualificado no tratamento da dor, onde conseguiu posição de referência nacional. Impressionado com a intensidade do sofrimento de um paciente que não comia nem dormia, dilacerado por uma dor insuportável, que se arrastava por semanas, indicou-lhe uma cordotomia cervical, uma operação delicada, em que se secciona, com precisão milimétrica, uma raiz nervosa no pescoço. Na manhã seguinte, encontrou-o ressonando placidamente.

Ótimo sinal. Não resistiu a despertá-lo para confirmar a proeza: "Como passou a noite, alguma dor?". "Não, doutor. Não estou sentindo nada."

"Nada, nada?" "Nada, nada!"

E então a impaciência interior irrompeu: "Depois de tudo o que fizemos, é só isso que o senhor tem pra me dizer?".

"Ah, doutor, deixa eu ficar quietinho aqui no meu canto. De qualquer jeito, ninguém ia entender a minha felicidade de não estar sentindo nada depois de três meses pensando em dor 24 horas por dia!"

A alegria pelo fim do sofrimento pode ser silenciosa. Mas, em algum lugar da desorganizada mochila das reações humanas, estará o crachá encantado da gratidão.

Uns tipos soltos por aí

DAR OPINIÃO É DA NATUREZA HUMANA, e todo mundo, se tiver instrumento ou plateia, dá. Não importa se opinião abalizada ou pitaco. O que falta é constrangimento de opinar contrariando quem é do ramo simplesmente porque não gosta do que foi dito. Também não interessa se o que afirma é verdadeiro ou boato ou simplesmente uma fofoca. A propósito, o professor Tarantino, um dos decanos mais inteligentes que encontrei na Academia Nacional de Medicina, gostava de dizer que a fofoca é a adrenalina do velho e, segundo ele, a melhor terapia para animar um vozinho meio deprimido.

Com as redes sociais, a chance de emitir opinião escancarou o bizarro, e o senso crítico desapareceu. Os comentários inseridos sobre qualquer assunto são de uma pobreza gigantesca, a ponto de suportarem com sobras a batalha campal entre a chacina da gramática e a atrofia do espírito.

A impressão que se tem é que as redes estão servindo como terapia da desopilação, algo que lembra as estratégias atribuídas às montadoras japonesas, que inteligentemente criaram as salas de desafogo emocional dos funcionários.

Todos os diretores de seção estavam representados por bonecos de borracha em réplicas perfeitas o suficiente para identificarem o canalha do chefe. O funcionário podia acessar o recinto, calçar luvas de boxe e descarregar no protótipo todo o ódio pelos maus-tratos acumulados. Claro que a intensidade da represália servia simultaneamente para avaliação das chefias: os mais agredidos na sala de simulação eram chamados para discutir suas atitudes de questionável liderança. Ter em posição de comando alguém simbolizando o desejo máximo de vingança não contribui para o desenvolvimento de nenhuma empresa.

Gosto de responder aos que se dão ao trabalho de comentar o que escrevo, e procuro não deixar ninguém sem resposta, até porque a divergência eventual é sempre construtiva. Entre os que elogiam estão uns queridões que enxergam virtudes insuspeitadas e fazem um bem danado para o coração da gente. Outros são mais parcimoniosos na reverência e fazem questão de esclarecer que não são leitores frequentes (ao contrário da mãe e da esposa), mas gostaram daquela crônica e são igualmente gentis e estimulantes. A crítica civilizada é uma demonstração de carinho de quem lê o que a gente escreve e quer ajudar. Uma espécie de elogio com roupa de generosidade.

O impulso de escrever sobre *Os tipos soltos por aí* não brotou desses delicados que opinam com consistência e divergem com respeito. Não. Longe disso. Inspirou-se nalguns mentecaptos que algumas vezes, usando um linguajar rebuscado, destilam todo o rancor reprimido durante uma vida inteira, e que dispensam formação psicanalítica para um poço de recalque, infelicidade e frustração.

A tática comum é reescrever a crônica com ideias que ele considera mais arejadas e inteligentes, aproveitando para reforçar que o autor não passa de um covarde e um frouxo que não foi capaz de assumir posições politicamente incorretas por falta de coragem, esse atributo que visivelmente sobra no contestador.

É curiosamente hilária a escolha dos codinomes, onde desfilam o *Destemido*, o *Sem papas na língua* e o *Gostou, gostou,* todos com a clara intenção de anunciar o valentão sem endereço que se supõe irresistivelmente interessante. Um deles envelheceu tão sem senso de ridículo que postou uma foto de identificação em que oferece a ereção do terceiro dedo como seu estandarte.

Uma tristeza, com a única justificativa de ilustrar a liberdade de expressão. Que seria festejadamente substituída pelo silêncio.

O amigo que cada um perdeu ao seu jeito

O Sant'Ana, o maior comunicador da história do Rio Grande do Sul, era intrinsecamente avesso ao meio-termo. Com virtudes e defeitos retumbantes, encantava e repelia com igual intensidade. Nunca conheci quem lhe fosse indiferente, e se esse indivíduo existisse, aposto que seria desinteressante.

De origem humilde e infância marcada por perdas afetivas dilacerantes, Sant'Ana erigiu seu modelo próprio de sobrevivência, em que ele era promotor e juiz de si mesmo. Extremamente inteligente, e com uma memória prodigiosa, brincava com as palavras e tinha o prazer lúdico dos melhores cronistas, que esculpem cada frase até o êxtase de parecer perfeita. Com uma invejável coleção musical no hard disk cerebral, sempre tinha a melodia adequada ao momento que vivia com seus amigos. A sagacidade para interpretar o sentimento das pessoas de todas as camadas sociais explica a liderança de sua coluna ao longo de décadas, com aquelas sacadas geniais que eram a alegria dos seus amigos e a amargura dos seus desafetos.

Odiava ser contestado, mas amava a polêmica que essa divergência provocasse. Sem nenhuma preocupação com o politicamente correto, despertava uma antipatia instantânea nas pessoas que não tinham oportunidade nem paciência de conhecê-lo com profundidade e desperdiçavam então a chance de conviver com um tipo despojado, amigo dos amigos, e um coração tão mole que chorava com qualquer história que envolvesse um mínimo de emoção.

Mais de uma vez em conversa comigo interrompia o papo para anotar uma frase qualquer que seria encontrada numa de suas crônicas futuras, esta que é uma característica desses catadores de ideias.

Foi meu paciente durante muitos anos, desde uma época em que pareceu sincero seu interesse em parar de fumar, um vício que o perseguiu e destroçou ao longo de 65 anos, até o final da vida, marcada pela resignação com que enfrentou todos os cânceres atribuíveis ao cigarro, sem se lamentar. Em consultas periódicas, sempre puxava o assunto de como fazer para interromper o tabagismo, e então ouvia falar de todos os riscos e ameaças tenebrosas. Um dia, tendo percebido que havia um certo deboche naquela solicitação, resolvi inverter o cenário e passei a relatar todas as virtudes da nicotina, "uma droga maravilhosa, estimulante da atividade cerebral, tranquilizadora, euforizante, antidepressiva, capaz de, em menos de noventa segundos depois da primeira tragada, acender um foco luminoso na área do prazer, e que além disso...". O Sant'Ana me interrompeu e disse: "Tu tá me sacaneando?". E respondi: "Parece que sim!". Então ele me abraçou e disse: "Por isso que eu gosto de ti!".

Foi sempre um entusiasta dos transplantes de órgãos e várias vezes conversou com pacientes transplantados e se encantou com suas histórias. Muito pela emoção que essa população lhe provocava, participou de todas as campanhas apoiadas pela RBS, no que entendia como uma missão de responsabilidade social da qual não poderia se omitir.

Quando *Não pensem por mim*, meu primeiro livro de crônicas, ficou pronto, pedi ao Sant'Ana que escrevesse o prefácio e recebi um texto maravilhoso que me encheu de orgulho, porque eu não estava nem um pouco interessado em admitir o tamanho dos exageros naquela quantidade de adjetivos. Quando cheguei para a primeira sessão de autógrafos, ele já estava lá, sentado, com uma cara debochada. Ia iniciar o agradecimento pela sua presença, mas ele me alertou: "Não se precipite, estou aqui apenas para evitar a frustração dos inúmeros leitores que virão somente para abraçar o autor do maravilhoso prefácio!". E ficou lá, com aquele risinho enviesado, de caneta na mão.

Soube depois que ele e o Nilson Souza foram os grandes proponentes da minha efetivação como cronista semanal do Caderno Vida, mas, antes disso, várias vezes cedeu seu espaço sagrado na penúltima página de ZH (que ele chamava carinhosamente de "meu canhão") para a publicação de textos meus. Essas oportunidades de exposição me ensinaram que o "meu canhão" não era nenhum exagero. Um dia, quando tentava lhe agradecer por essas gentilezas, ele me interrompeu: "Não esqueça de considerar que talvez eu simplesmente estivesse sem assunto naqueles dias!".

O Sant'Ana morreu devagar, e é provável que isso atenue, agora, a tristeza pela sua morte, mas a longo prazo, no coração dos seus amigos, ficará pulsando a dor da saudade.

Proteja seus afetos

A GENTE SABE TÃO POUCO do que passa na cabeça das pessoas, mesmo daquelas, ou principalmente daquelas, que supomos conhecer! E talvez o mais desafiador do convívio esteja exatamente no imprevisto que tantas vezes resulta na sensação pra lá de desconfortável de que não conhecemos a criatura de quem nos considerávamos íntimos.

Essas descobertas podem ser amargas e explosivas, deixando-nos a sensação de terra arrasada logo depois de nos terem transformado em terra.

Muitas vezes, os mais perspicazes anteveem a notícia ruim pela linguagem corporal, mas quase sempre a palavra é o instrumento usado para remover o pino da desgraça. Alguns dão a notícia devastadora sem nenhuma emoção, o que expressa uma mistura de crueldade com experiência maligna. Em escala crescente, situam-se os sádicos que não conseguem evitar um esboço de riso, que tentam se conter para cumprir as recomendações do manual de demissão, mas não conseguem dissimular completamente o deslumbramento que o exercício da maldade lhes confere como sociopatas assumidos ou insuspeitados.

Outros, com um leve resíduo de humanidade, desviam o olhar, porque circunstancialmente se imaginaram do lado de lá.

Na escola é comum que o adolescente desenvolva uma palidez de morte quando a professora, com um risinho enviesado, pergunta: "Quantas matérias você supõe que ainda será possível recuperar, meu queriiido?."

No trabalho, as frases emblemáticas como "precisamos rever as metas" ou "a empresa está passando por um momento difícil" põem a vítima no cadafalso, talvez com a corda frouxa, mas já no pescoço. Porque nem o mais otimista dos evangélicos se animaria em pensar: "Que bom que o chefe resolveu ouvir minha opinião sobre esta crise!".

Talvez a mais benigna das utilidades de discutir a relação, esta que é, de longe, a mais chata das convocações que a mulher pode fazer no casamento, tenha esta perspectiva: reduzir o impacto de uma conversa que muitas vezes começa amistosa até o outro descobrir que seu amor está usando um colete de explosivos.

Numa discussão amorosa, os especialistas confirmam que o mais confiável prenúncio de catástrofe é a surpreendente ausência de lágrimas, que tantas vezes escorreram pela cara sem a preocupação de borrar a pintura, porque naquela ocasião só tinham a intenção explícita de gritar um desesperado pedido de socorro. Mas agora o olho seco significa que não há mais fragilidades do lado de lá e, portanto, prepare-se para o pior.

De qualquer maneira, não importanto o tipo de relação, pessoal ou profissional, o comunicado que surpreenda significa apenas que você, há muito tempo, está descuidado dos seus afetos. E que, por soberba ou displicência, ignorou a recomendação do Chico: "Qualquer desatenção, faça não, pode ser a gota d'água".

Saudade do meu pai

Não sei como as lembranças são conservadas, mas algumas duram para sempre, como se preservadas em redomas de mármore; outras, por frágeis ou insignificantes, se esvaem como se tivessem sido varridas pela brisa protetora e generosa do esquecimento.

Mas mesmo aquelas que queremos preservar como nosso patrimônio de raiz não são estáveis, e periodicamente precisamos sacudi-las, como forma de trazer à tona aquilo que o tempo, presunçoso e descuidado, foi desbotando. Outras vezes, quando a lembrança é assim revisitada, parece diferente, seja porque perdemos pelo caminho um pedaço do ocorrido, seja porque percebemos agora um sentido que lá atrás tinha escapado.

Neste inverno completaram-se dez anos da morte do meu pai, bem velhinho, com um último semestre de sensório comprometido e todas as condições de dependência e fragilidade que os ingênuos imaginam que deveriam servir para atenuar a sensação de perda.

Certamente cada filho administrou a saudade do seu jeito, com características próprias, alimentadas por relacionamentos díspares em proximidade, carência, afinidade, ciúme, semelhança, afeto e proteção. Retrospectivamente, gostaria muito de ter vivido mais perto do meu pai, e essa percepção, como quase sempre acontece, só ficou muito clara depois que ele se foi, deixando esse rastro de saudade e remorso pontudos como uma acusação.

Passado esse tempo, aceitei me perdoar porque não poderia mesmo ser de outra forma, pela distância e diversidade do que fazíamos. E ele sempre deixou claro que entendia que, sendo como éramos, com tarefas tão diversas, tínhamos que aceitar as diferenças. Lembro-me de um telefonema na quase manhã do dia em que seu neto fazia vinte anos, em que ele começou assim: "Meu filho, estou te ligando assim tão cedo para dizer que você tem muita sorte por ter um filho como o Fábio e que sou feliz porque um velho como eu, que ama esta terra como eu amo, ter um neto que ama da mesma maneira é uma coisa que...". Então fez uma pausa, suspirou e concluiu: "Mas isso talvez não entendas... deixa pra lá... E a minha nora, como vai?". A brusca mudança de assunto era o jeito de dizer que não me considerava o melhor interlocutor para falar do amor que ele tinha pela fazenda, que adorava de paixão. E então falávamos de outros assuntos e tenho muita saudade do seu jeito sério de contar coisas engraçadas. Por fim comentávamos das minhas conquistas profissionais, e destas, de longe, a que mais o encantou foi o transplante de pulmão com doadores vivos, que ele acompanhava na mídia com entusiasmo.

Sistematicamente perguntava pelo Henrique, o primeiro paciente, a quem se referia como se tivesse se transformado em um parente muito querido. E sempre terminava com uma observação entusiasmada: "Essa foi muito boa!".

"Sabe, pai, eu também acho que foi, e muita gente repete que sim, mas, depois de todo esse tempo, preciso te fazer uma confissão: nenhuma placa, troféu ou homenagem teve a força do teu olho brilhando. Afinal, na busca da tua admiração, aprendi que todo filho procura desesperadamente ser visto pelo pai como alguém melhor do que de fato é. E amanhã, no teu dia, nada vai me entristecer mais do que a consciência de que nunca mais vou poder fazer alguma coisa, qualquer coisa, para te impressionar. E eu queria tanto." Porque o pai da gente só morre com a gente. Nunca antes. Afinal, não é essa a função mais generosa da memória?

Nunca mais sentir medo

O TOQUE FÍSICO, do qual o abraço é o modelo mais eloquente, não é uma atitude universal. Abrace de súbito um japonês e, provavelmente, ele responderá com um golpe de caratê. Se tentar retribuir a gentileza de um americano com mais do que um prosaico aperto de mão, ele recuará como se tivesse certeza que pretendia contaminá-lo com o Ebola. E, se for um funcionário do governo, o Bureau Federal será comunicado. Enquanto isso, os latinos se abraçam, beijam e choram com uma naturalidade que os anglo-saxões não compreendem.

Da minha experiência americana aprendi, entretanto, que essa couraça de autossuficiência é expressão de saúde perfeita, porque a doença dissipa essas diferenças e, assustados, nos tornamos uns bebezões mimosos, carentes e apátridas.

É essa a sensação que se tem ao ouvir Ed Gavagan num dos depoimentos mais emocionantes do TED, esse site de tanto sucesso. Gavagan é um nova-iorquino de uns quarenta anos que relata uma experiência traumática que se seguiu ao atentado sofrido tarde da noite numa calçada do Brooklyn. Selecionado aleatoriamente para a iniciação de um dos membros de uma gangue, foi esfaqueado três vezes, conseguiu desvencilhar-se, caiu na rua logo adiante, foi socorrido a tempo e levado, em condição crítica, à emergência do hospital mais próximo, com ferimentos graves, cuja correção ocupou uma equipe cirúrgica durante toda a madrugada e consumiu quarenta unidades de sangue em transfusão. Quando acordou no segundo dia, sentia uma dor lancinante em todo o corpo, a qual descreveu como se tivesse sido recém-colocado num tanque de gelo. Surpreendeu-se ao perceber que só não doía o peito do pé esquerdo, justo naquele ponto em que se apoiava o polegar do cirurgião, postado ali na expectativa de que, contra todas as probabilidades, ele despertasse. Aquele minúsculo ponto de apoio teve efeito analgésico maior do que a morfina, porque era, naquele momento, a única conexão afetiva no universo desconhecido e hostil de uma UTI.

Não tenho dúvida de que grande parte do desencanto dos pacientes com os médicos contemporâneos pode ser explicada pela distância física favorecida pelo uso rotineiro dos modernos métodos de diagnóstico. O olhar, antes dirigido ao doente, foi sendo progressivamente transferido para os monitores. Quantas vezes ouvimos de pacientes saindo decepcionados de consultórios a queixa: "Ele nem me encostou a mão e já pediu um monte de exames?". Afora o desapreço pela importância do exame físico, que os mais experientes valorizam sempre, há uma evidente tendência de se evitar qualquer toque físico que possa facilitar a proximidade afetiva. A profilaxia do vínculo generoso é estabelecida pela rispidez e antipatia, que produzem uma blindagem conveniente aos que não têm afeto para viver, imagine para desperdiçar com desconhecidos! Algumas unidades ambulatoriais até instruem os médicos mais jovens "a não serem tão melosos com esses velhinhos carentes porque, senão, vocês vão ver, no próximo plantão eles vão estar todos aqui, outra vez!".

Dona Manuela chorou quando lhe expliquei que devia ficar internada uma semana para a cirurgia, e só secou os olhos quando massageei aquela mão, duma maciez que só os muito velhos têm. Na despedida, ela parecia mais aliviada. Cinco minutos depois, percebendo que eu continuava sozinho na sala, ela voltou: "Minha filha foi buscar o carro porque está chovendo muito, e então eu pensei que se o senhor pudesse segurar a minha mão mais um pouquinho eu nunca mais ia sentir medo!".

E sentou-se, à espera da continuação do tratamento.

Sobre o autor

José J. Camargo, ou simplesmente J.J. Camargo, nasceu em Vacaria, RS, onde viveu até os catorze anos, quando mudou-se para Porto Alegre para fazer o Ensino Médio no colégio Rosário. Formado em medicina pela Universidade Federal do Rio Grande do Sul (UFRGS), obteve posteriormente o grau de mestre e doutor em medicina, com especialização em cirurgia torácica na Clínica Mayo, nos Estados Unidos.

É diretor de cirurgia torácica da Santa Casa de Porto Alegre e professor desta disciplina na Universidade Federal de Ciências da Saúde de Porto Alegre (UFCSPA).

Foi pioneiro em transplante de pulmão na América Latina, em 1989, e é responsável por mais da metade de todos os transplantes de pulmão feitos até hoje no Brasil. Em 1999, fez o primeiro transplante de pulmão com doadores vivos fora dos Estados Unidos.

Idealizou e hoje dirige o Centro de Transplantes de Órgãos da Santa Casa de Porto Alegre (RS). Coordena um programa de residência em cirurgia torácica que já formou 96 cirurgiões da especialidade, distribuídos em dezenove estados brasileiros e em seis países sul-americanos, além de Estados Unidos e Canadá. Tem cinco livros publicados na especialidade e centenas de trabalhos científicos publicados no Brasil e no Exterior. Já proferiu mais de 1.100 conferências em 22 países.

É membro titular da Academia Nacional de Medicina e da Academia Brasileira de Médicos Escritores e, desde 2011, cronista semanal do jornal *Zero Hora*, de Porto Alegre.

Publicou quatro livros de crônicas: *Não pensem por mim* (AGE, 2008), *A tristeza pode esperar* (L&PM, 2013, Prêmio Açorianos de Literatura 2014 e Prêmio Livro do Ano AGES 2014), *Do que você precisa para ser feliz?* (L&PM, 2015) e *O que cabe em um abraço* (L&PM, 2016).